Esther Krahwinkel & Tanja Bunse

ISS, WAS DU BIST

DAS 5-ELEMENTE-KOCHBUCH

Fotografie: Jens Nieth

Foodfotografie: Nadja Buchczik

EMF

EIN BUCH DER
EDITION MICHAEL FISCHER

ISS, WAS DU BIST

DAS 5-ELEMENTE-KOCHBUCH

VORWORT

5-ELEMENTE-KONZEPT

5-ELEMENTE-LEHRE

5-ELEMENTE-ERNÄHRUNG

REZEPTE

BASICS

FRÜHSTÜCK

APERITIFS & VORSPEISEN

HAUPTSPEISEN

BEILAGEN

SÜSSE SPEISEN

LOS GEHT'S!

WIR KOCHEN VOR FREUDE!

Schön, dass du da bist und diese Seite aufgeschlagen hast. Wir freuen uns sehr, dass du mehr über die 5-Elemente-Ernährung erfahren willst.

ABER WER SIND EIGENTLICH „WIR“?

Wir, das sind Esther und Tanja, die eher zufällig auf die 5-Elemente-Ernährung gestoßen sind. Wir sind so was von begeistert, dass wir das 5-Elemente-Konzept unbedingt mit dir teilen möchten. Damit auch du davon profitieren kannst.

ESTHER: *»Nicht gesucht, aber trotzdem gefunden! Irgendwann erzählte mir mein Freund von der 5-Elemente-Ernährung. Ich war so neugierig, was es damit auf sich hatte. Eh ich mich versah, saß ich – schwuppdiwupp – bei einer Ernährungsberaterin. Sofort war ich Feuer und Flamme. Ruckzuck habe ich dann meine Ernährung umgestellt und war überrascht, was das für Auswirkungen hatte! Es machte „Klick“ und es machte „Bam“! Ich fühlte mich nicht nur besser, man sah es mir auch an. Heute bin ich selbst ausgebildete Ernährungsberaterin der 5-Elemente-Ernährung und lebe seit über zwölf Jahren danach. Vermissen tue ich übrigens nichts.«*

TANJA: *»Bei mir war es die Diagnose Weizenunverträglichkeit. Bitte was? Und jetzt? Basta mit Pasta? Bye, bye, Butterbrot? Zum Glück kam mir auf der Suche nach einer passenden Ernährungsform der Zufall zur Hilfe. In diesem Fall meine Freundin Esther. Sie hat mich dazu ermutigt, meine Ernährung der 5-Elemente-Lehre anzupassen. Und tadaaa – seitdem fühl ich mich richtig fit, frisch und konzentriert. Endlich kein fieses Piksen mehr im Bauch. Dafür aber ein Konzept, mit dem ich noch immer kreativ kochen kann und das sich easy in meinen stressigen Alltag als Selbstständige einbinden lässt. Perfekt!«*

Kurz gesagt: Wir sind Fans der ersten Stunde! Wir sehen das 5-Elemente-Konzept als ein modernes und innovatives Orientierungssystem, das sich einfach in den Alltag integrieren lässt. Damit er vor allem eines wird: energiegeladen, glücklich, genussvoll – und zwar täglich.

KOCHST DU MIT?

Mit diesem Buch möchten wir dir viele selbst kreierte Rezepte, Anregungen und Gedanken an die Hand geben. Denn es ist mehr als nur ein Kochbuch. Es ist eine Art Toolkit, mit dem du herausfinden kannst, was ganz besonders DIR guttut.

Mit unserem Workbook kannst du spielerisch mehr über dich entdecken: Wie z. B. welches Element in dir das Sagen hat oder ob dein Qi vielleicht im Ungleichgewicht ist.

Probier's einfach mal aus und erlebe, was DIR guttut. Wir wünschen „Guten Appetit“.

Esther & Tanja

DIE 5-ELEMENTE-ERNÄHRUNG: EIN KONZEPT, DAS ES IN SICH HAT

INDIVIDUELL
NATURBELASSEN
GANZHEITLICH

2000 Jahre alt – ohne Konservierungsstoffe. Die 5-Elemente-Ernährung basiert auf dem jahrtausendealten Erfahrungsschatz der Traditionellen Chinesischen Medizin (TCM). Damals hat man sich nicht um so etwas wie Ernährungstrends geschert, sondern die Dinge ganzheitlicher betrachtet und Körper und Geist schon immer als Einheit gesehen.

Auf die inneren Werte kommt es an! Das gilt für uns Menschen genauso wie für unsere Lebensmittel. Denn das, was du deinem Körper gibst, gibst du also auch deinem Geist.
Wir sagen: „Gib ihm das Beste." Was das aber *GENAU* ist, ist bei jedem Menschen unterschiedlich. Denn jeder Körper reagiert auf Lebensmittel verschieden. Dem feurigen „Hitzkopf" bekommen kühlende Speisen besser, dem eher kalten „Kaltfüßler" wärmende Nahrungsmittel. Mit den 5 Elementen findest du heraus, was *DIR* guttut und mit welchen Lebensmitteln dein Körper am meisten anfangen kann. Du lernst einen neuen Umgang mit dem Essen und entwickelst neue Sichtweisen.

Entdecke Ernährung wie für dich gemacht.

SOONI KIND

„Der Mensch ist nur da ganz Mensch, wo er spielt."
(Friedrich Schiller)

Denkst du auch: Mit gesunder Ernährung hört der Spaß auf – Lebensfreude und Genießen, ade? Dieses Buch beweist das Gegenteil: Mit Herz und Verstand lädt es dich ein, spielerisch und genussvoll deine eigene, dir gemäße Ernährung zu finden.
Im Gegensatz zu Diäten, in denen du deine eigenen Gedanken und Gefühle ausklammern musst, um sie durchzuhalten, geht es bei der 5-Elemente-Ernährung darum, dich zu begreifen, zu fühlen und zu erfahren. Es nimmt dich mit auf den Weg des Tao – also pack deinen Rucksack und mach dich auf die Reise!
Zeitgemäß, klug und sinnlich stellt sich dieses Buch in die Tradition des Nei Jing, in dem die alten Chinesen ihre Erfahrungsschätze aufschrieben und dazu anregten, alles immer wieder neu zu durchdenken, zu erfahren und zu erproben. Das Workbook ist eine zeitgemäße und spielerische Art, diesen Ansatz aufzugreifen. Als 5-Elemente-Lehrerin sehe ich in *Iss, was du bist* einen gelungenen Weg, altes Wissen aus einer anderen Kultur fruchtbar zu machen für unsere Zeit.

Viel Freude beim Lesen und gute Reise!

Hier erfährst du mehr über Sooni Kind. > S. 176

Sooni

WAS BEDEUTET ESSEN FÜR DICH?

WIR HABEN UNS MAL UMGEHÖRT UND EIN PAAR PERSONEN ZU IHRER EINSTELLUNG ZUM ESSEN BEFRAGT.

EVA
GRAFIK-DESIGNERIN

»Ich muss zugeben: Ich mag ungesundes Essen. Gerne deftig. Trotzdem greif ich auch mal zu einem Salat und versuche mein Essen mit Obst und Gemüse gesünder zu machen. Zwischendurch genieße ich sehr gerne Süßes. Es schmeckt mir einfach und das war schon immer so. Ich backe auch lieber, als dass ich koche. Das finde ich viel entspannter. Ich esse immer dann, wenn ich Hunger habe.«

GUILAUME
PÂTISSIER

»Morgens hab ich kaum Zeit fürs Frühstück. Auf die Schnelle gibt es dann Griechischen Joghurt mit Honig und Müsli. Vitamine brauch ich natürlich auch. Statt zu Kaffee greif ich deshalb zum Smoothie aus Saft, Chiasamen, Leinöl, Leinsamen, Matcha, Eiweißpulver und Schmelzflocken. Und zwar selbst gemacht am Abend vorher. So hab ich Energie für den ganzen Tag.«

VOLKER
EINZELHANDELSKAUFMANN

»Ich liebe Fleisch. Das ist auch kein großes Wunder, da ich aus einer Metzgerfamilie komme. Zu Hause kocht meine Frau. Manchmal bereitet sie ein vegetarisches Gericht zu und gibt dem Ganzen extra einen Namen, der an ein Fleischgericht erinnert, damit ich es auch esse. Ansonsten esse ich eigentlich alles gern. Hauptsache Fleisch ist dabei.«

JUDITH & ENJA
GRAFIK-DESIGNERIN

»Ich starte gern mit einem Nutellabrot und einer Tasse Kaffee in den Tag. Oder mit Müsli und Obst. Was sonst bei uns auf den Tisch kommt, entscheide ich spontan aus dem Bauch heraus. Oft gibt es Gemüse mit Reis oder Nudeln, Süßkartoffeln oder Kartoffeln. Dabei achte ich auf Bio-Qualität und versuche, Fertigprodukte mit ungesunden E-Stoffen zu vermeiden.«

ALINE
ASSISTENTIN

»Essen ist für mich wichtig. Ich bevorzuge Herzhaftes, Süßes eher nicht. Zig Diäten habe ich schon ausprobiert, um ein wenig abzunehmen. Verzichten macht aber mürrisch und dafür ist das Leben zu kurz. Ich versuche nur noch drei Mahlzeiten am Tag zu essen und abends auf Kohlenhydrate zu verzichten. Sowie Sport und Bewegung in den Alltag einzubauen. Damit gelingt es ganz gut.«

WAS BEDEUTET ESSEN FÜR UNS?

Superschnell. Superbillig. Supergeil?

Wir haben doch keine Zeit! Täglich prasseln unzählige Sinneseindrücke auf uns ein. Wir konsumieren häufig ungefiltert, was da so alles kommt: Fernsehen, Internet, Radio. Wir nehmen wahr und nehmen auf. Und mit unserer Ernährung machen wir es oftmals auch nicht anders.

Der Wecker klingelt. Jetzt aber schnell aus dem Bett und dann ab zur Arbeit. Hier ein Meeting, da ein Termin und abends noch mit den Freunden ins Kino. Unser Alltag wird durch Stress, Zeitdruck und Hektik bestimmt. Wie soll man sich da bitte noch Gedanken um vernünftige Ernährung machen? Es muss schnell gehen, es muss schmecken und es muss das Loch im Magen füllen. Wie schnell man da doch zu Fertigprodukten, Snacks und „to-go"-Lebensmitteln greift. Aber schauen wir uns doch mal genauer an, welche Essgewohnheiten unsere Ernährung bestimmen.

„SCHNELL-MAL-ZWISCHENDURCH"-ESSER

Wenig Zeit – aber viel Hunger. Der Schnell-mal-zwischendurch-Esser greift zu dem, was am nächsten liegt. Und das sind in der Regel Fastfood, Fertigprodukte, Backwaren und Co. Was soll er auch anderes tun? Schließlich sitzt ihm die Zeit im Nacken.

„AUF-WAS-HAB-ICH-HEUTE-BOCK?"-ESSER

Heute Pizza, morgen Pasta, gelegentlich einen Salat. Dieser Typus isst, wie ihm der Schnabel gewachsen ist. In der Mittagspause entscheidet das Bauchgefühl über die Essenswahl und das orientiert sich an den Gerichten, die es kennt. Nach der Pause verwandelt es sich allerdings in eine unsagbare Schwere. Aber hey, ein Stück Schokolade am Nachmittag geht immer.

„BROT"-ESSER

Scheibenweise Genuss: Brot mit Käse, Brot mit Wurst, Brot mit Marmelade, Brot mit Ei. Brötchen am Morgen, eine Stulle zum Mittag und Butterbrot am Abend. Über Abwechslung muss sich dieser Esser nicht beklagen. Lecker ist die Liebe zum Brot auf jeden Fall und praktisch allemal.

„DAS-IST-GESUND"-ESSER

Kein Fett, kein Fleisch, dafür aber ganz viel Rohkost und Vollkornprodukte. Sich wohlfühlen und/oder abnehmen sind hier die Motive. Doch Mist … plötzlich ist da dieser Heißhunger auf Süßigkeiten.

WIE ES IN DEN WALD HINEINRUFT …

So unterschiedlich diese Esstypen auch sind, sie haben alle etwas gemeinsam: Sie führen ihrem Körper nicht unbedingt das zu, was er braucht. Wie auch? Sie haben das Gefühl dafür, was ihnen guttut, verloren. Wie viele von uns. Denn der Appetit lenkt die Wahl der Lebensmittel viel zu häufig in die falsche Richtung. Uns ist kaum bewusst, was wir unserem Körper damit täglich zumuten.
Doch er kann zum Glück viel wegstecken. Allerdings auch nur begrenzt. Nach einiger Zeit entstehen meist die ersten Alltagsbeschwerden auf körperlicher und geistiger Ebene. Daraus können mit der Zeit ernsthafte Erkrankungen entstehen.

Die gute Nachricht: Du kannst mit Ernährung auch genau das Gegenteil erreichen: Vitalität, Wohlbefinden, Power, Freude und Gelassenheit.
Essen macht mehr mit dir, als du denkst.

WORKBOOK:
Wie sind deine Essgewohnheiten? > *s. S. 3*

VEGANER SEIN – ODER NICHT SEIN? DAS IST HIER NICHT DIE FRAGE

Wir alle kriegen mit und spüren: Es gibt eine neue Achtsamkeit. Für uns und für unsere Umwelt. Wir wünschen uns Entschleunigung und sehnen uns nach der Natur. Wäre es nicht schön, sich mit ihr zu verbinden?

Hurra, es gibt zur Zeit einen großen Umbruch. Das zeigt sich ganz deutlich und hat viele Gesichter. Ob Urban Gardening, Stadtflucht, Veganismus, Slow Food oder Fair Trade – die Gesellschaft, wir, du oder ich, wir öffnen uns alle einem bewussten Lebenswandel. Einige machen Yoga und merken: Es geht hierbei nicht nur um den Körper, sondern auch um den Geist. Emotionen, Gedanken und Spiritualität werden ebenfalls beeinflusst und die Nachfrage nach Yogakursen steigt enorm. Denn immer mehr Menschen spüren diese tiefgreifende Wirkung, die weit über die körperliche Ebene hinausgeht.

Doch auch bei der Ernährung ist einiges im Gange: Man blicke nur einmal auf die Top-Bücherlisten und die beliebtesten Zeitschriftentitel, die unzähligen Kochsendungen und Food-Blogs. Ernährung hat einen höheren Stellenwert als je zuvor. Es besteht ein großes Interesse an alternativen Ernährungskonzepten. Denn in Zeiten, wo wir alles haben, können wir bewusst auswählen, was wir zu uns nehmen und was nicht. Wir suchen also das, was uns guttut.

Doch bei diesem Überangebot an Ernährungsformen ist es schwierig, den Überblick zu behalten, geschweige denn, sich für eine Richtung zu entscheiden. Sind Kohlenhydrate jetzt gut oder schlecht? Ist Rohkost besser für den Körper oder doch schlecht für den Magen? Mach ich vielleicht alles nur noch schlimmer als besser? Low Carb, No Carb, Paleo, vegan oder – „ja, was denn nun"?! Im Grunde genommen haben alle Ernährungsansätze ihre Daseinsberechtigung. Doch sie packen meist nur ein Problem an der Wurzel oder konzentrieren sich auf einen einzigen bestimmten Nutzen. Was passiert also? Trotz allem Bemühen und einer konsequenten Ernährung fühlen sich viele von uns schlapp, energielos und unzufrieden. Körper und Geist geraten aus der Balance.
Was ist da bitte los?

WAS TUT MIR GUT? WAS TUT DIR GUT? DAS IST HIER DIE FRAGE!

UNSERE TYPBERATUNG HAT NICHTS MIT MAKE-UP ZU TUN

Vegan, Paleo oder Low Carb? Wer sich langfristig gesund ernähren und gut fühlen will, muss sich für keinen Ernährungstrend entscheiden. Es gibt nur einen, dem du „High Five“ geben musst: dir und deinem Körper! Er ist der Einzige, der wirklich weiß, was dir guttut und was nicht. Er und die 5 Elemente, die in jedem von uns stecken. Denn unser Ernährungskonzept weiß: Bei jedem können sich Lebensmittel anders auswirken. Mit der 5-Elemente-Ernährung findest du heraus, was du bist und vor allem was du brauchst.

ISS, WAS DU BIST

8 VORTEILE ZUM ANBEISSEN

»DIE 5-ELEMENTE-ERNÄHRUNG STECKT VOLLER VORTEILE, AUF DIE DU DICH FREUEN KANNST. DEIN KÖRPER ÜBRIGENS AUCH.«

AUSGEWOGEN Dein Körper bekommt alles, was er braucht. Das macht ihn fit und dich glücklich. Vorbei sind die Zeiten plötzlichen Heißhungers. Na gut, nicht ganz. Heißhunger auf deine nächste 5-Elemente-Mahlzeit kann dir natürlich trotzdem passieren. Momente, wo dir das Wasser im Mund zusammenläuft und du es kaum erwarten kannst, bis der erste Bissen im Mund ist. Denn wenn das Richtige auf dem Teller liegt, ist keiner mehr zu bremsen.

INDIVIDUELL Du bist, wer du bist. Deshalb bekommst du mit der 5-Elemente-Ernährung ein Food-Konzept, das genau zu dir passt. Finde heraus, welche Lebensmittel auch hinter deinem Gaumen richtig gut ankommen. Damit die Nährstoffe auch wirklich ankommen, wo sie gebraucht werden. So wird aus jedem Food ein Superfood. Nämlich *DEIN* Superfood.

FLEXIBEL Dein Alltag ist manchmal stressig und du bist viel unterwegs? Du magst nicht alle Lebensmittel? Oder du möchtest bewusst auf bestimmte Lebensmittel verzichten? Kein Problem. Die 5-Elemente-Ernährung lässt sich prima an dein Leben anpassen. Durch Verfeinern, Kombinieren, Weglassen oder Ersetzen von Lebensmitteln kann man aus jedem Rezept ein 5-Elemente-Gericht zaubern.

NATÜRLICH Die 5-Elemente-Küche verzichtet auf industriell verarbeitete Lebensmittel. So naturbelassen wie möglich ist die Devise. Chemische Zusatzstoffe wirst du hier nicht finden. Genauso wenig wie Industriezucker. Das ist nicht nur figurfreundlich, sondern macht auch den Kopf klarer. Und keine Sorge: Für süße Alternativen ist ausreichend gesorgt.

REINIGEND Eine saubere Sache: Die 5-Elemente-Ernährung sorgt nicht nur dafür, dass du das bekommst, was du brauchst, sie hilft auch, das auszuscheiden, was du nicht brauchst. Manche Lebensmittel machen zwar satt, haben aber keinen Reinigungseffekt. Manche reinigen, haben aber keinen Sättigungseffekt. Kombinierst du aber Lebensmittel beider Kategorien, erlebst du einen 2-in-1-Effekt. Fühl dich fit und mental in Bestform. Du reinigst hier nicht nur den Körper, sondern auch den Geist. Ganz nach dem Motto: Verputzen ist auch eine Art von Putzen.

GANZHEITLICH Die 5-Elemente-Lehre sieht Körper und Geist als Einheit. Demnach hat das, was du für deinen Körper tust, auch Auswirkungen auf deinen Geist. Das bedeutet also: Wenn wir etwas für unseren Körper tun, wie z. B. Sport machen, hat das auch direkten Einfluss auf unsere geistige „Fitness". So verhält es sich auch mit der richtigen Ernährung. Sie tut nicht nur unserem Körper gut, sondern fördert auch unser Wohlbefinden.

GENUSSVOLL Bei der 5-Elemente-Ernährung steht Genuss ganz weit oben auf der Liste. Denn er schärft unsere Sinne, unser Gespür für das, was wir gerade brauchen. Und bringt uns zahlreiche Glücksmomente. Auf geht's, Augen zu und Mund auf! Beam dich ins Hier und ins Jetzt. Du steigst aus dem Alltag aus und in den Genuss ein. Nichts anderes zählt, denn es ist dein GENUSS-Moment!

LANGFRISTIG Auf Dauer besser: Die 5-Elemente-Ernährung ist so ausgelegt, dass du sie langfristig umsetzen kannst. Du wirst mit der Zeit immer mehr Veränderungen feststellen, die du nicht mehr missen möchtest. Diese vielen guten Gründe machen es gleich noch leichter, die Ernährung dauerhaft umzustellen. Für ein tolles neues Lebensgefühl, das bleibt.

PURE
ENERGIE
FÜR
DEN TAG

ERLEB DICH NEU

Stell dir vor: Du startest voller Energie in den Tag, fühlst dich rundum wohl und genießt ein Leben mit mehr Vitalität. Klingt das zu gut, um wahr zu sein?

Tut es nicht. Sei ganz in deinem Element und freu dich über mehr Lebensqualität. Finde heraus, was dir guttut – und lass es dir von nun an gut gehen. Die 5-Elemente-Ernährung gibt deinem Körper, was er braucht. Dafür bedankt er sich bei dir riesig. Schon nach kurzer Zeit wirst du feststellen, wie du dich kontinuierlich besser fühlst. Körperlich UND geistig. Somit bist du bestens für deinen Alltag und seine täglichen Herausforderungen gewappnet.
Warum wir uns da so sicher sind? Weil wir es selbst erlebt haben und täglich erleben.

WER KENNT SIE NICHT, DIESE LÄSTIGEN ALLTAGSBESCHWERDEN?

Das Gemüt schwankt, du bist vielleicht sogar gereizt, der Kopf dröhnt, Verdauungsprobleme und Erschöpfung sind ein ständiger Begleiter. (Diese Liste könnten wir noch ewig weiterführen!) Die 5-Elemente-Ernährung sorgt nicht nur dafür, dass diese Beschwerden weniger werden und kaum noch vorkommen, das ganzheitliche Konzept der 5 Elemente kann noch viel mehr:

DEIN IMMUNSYSTEM KOMMT AUF TOUREN

Denn wenn die Darmflora gesund ist, weil dein Stoffwechsel optimal funktioniert, kann es so richtig loslegen. Die Grippewelle zieht einfach an dir vorüber. Erkältungen? Nicht mit dir!

SEI EINFACH BESSER DRAUF

Auch auf mentaler Ebene passiert so einiges. Besser konzentrieren, schneller entscheiden, weniger grübeln, gelassener sein, und einiges mehr. Und das sind nur ein paar Beispiele.

DEINE ZUNGE WIRD ZUM FEINSCHMECKER

Deine Intuition für das, was dir guttut, wird genauer, dein Geschmackssinn wird intensiver. Plötzlich schmeckt die Rote Bete süßlich, Rucola richtig scharf und der Apfel ist nicht nur süßsäuerlich, sondern birgt noch viele weitere Aromen in sich. Das musst du erleben!

SCHÖNHEIT KOMMT UND SIE KOMMT VON INNEN

Zufriedenheit, Freude und Leichtigkeit verschönern dir nicht nur den Alltag, sie machen auch dich schöner! Ein verbessertes Hautbild, festeres Bindegewebe, kräftige und glänzende Haare sorgen für eine unwiderstehliche Ausstrahlung.

KURZ GESAGT

Du fühlst dich voll und ganz in deinem Element!

FREU DICH DRAUF!

- Wohlfühlen statt Blähbauch, Sodbrennen, oder Müdigkeit nach dem Essen
- weniger Heißhunger auf Süßigkeiten
- bessere Konzentration
- Stärkung des Immunsystems
- mehr Gelassenheit und bessere Stressbewältigung
- mehr Entscheidungskraft statt Grübeleien
- verbessertes Hautbild, kräftige glänzende Haare
- deine Wohlfühlfigur ganz nebenbei

DIE 5-ELEMENTE-LEHRE

HINTERGRÜNDE UND URSPRUNG DER 5-ELEMENTE-ERNÄHRUNG

»Die 5-Elemente-Ernährung ist Teil einer ganzen Philosophie, die den Menschen und die Natur aus einem einheitlichen Blickwinkel betrachtet. Erfahre hier, wie alles miteinander zusammenhängt.«

SCHON 2000 JAHRE ALT – ABER OHNE VERFALLSDATUM

Wir haben zwar die Weisheit nicht mit Löffeln gefressen, dafür aber schon zum Glück Milliarden Menschen vor uns.
Denn die 5-Elemente-Ernährung gibt es schon sehr lange. Sie ist kein neuer Food-Trend, sondern eine der tragenden Säulen der Traditionellen Chinesischen Medizin (TCM). Demnach ist alles eins und alles miteinander verbunden. Kosmos. Natur. Mensch.

Ausgangspunkt ist der Daoismus, die chinesische Philosophie. Aus dem Daoismus heraus hat sich der Wunsch entwickelt, sehr alt zu werden. Denn wer alt wird, kann große Weisheit und im Idealfall auch die Erleuchtung erlangen. Damit das klappt, ist eine entsprechende Lebensweise und somit auch Ernährung unerlässlich gewesen. Dieser Gedanke hat sich irgendwann verselbstständigt, im Fokus stand in erster Linie das Ziel nach einem langen und gesunden Leben.

Die TCM richtet sich nach den Naturgesetzen. *Denn die Natur ist das große Ganze. Wir gehören dazu.*
Die Ernährung ist ein Weg, um sich wieder mit der Natur zu verbinden. Durch das Stärken der 5 Elemente in uns kommen wir in Einklang mit Körper und Geist.

Denn gemäß der Sichtweise der TCM spiegelt jeder von uns, als einmaliger Mikrokosmos im Makrokosmos, die Natur in seinem Wesen wider und umgekehrt. Denn so wie die Natur sind auch wir nichts anderes als Energie und üben gegenseitig Einfluss aufeinander aus.

Ist doch eigentlich ganz „yogisch“: Wenn wir also im Einklang mit uns selbst sind, wirkt sich das auch auf das Glück und die Freiheit aller anderen Lebewesen aus.

GEGENÜBERSTELLUNG ÖSTLICHE UND WESTLICHE SICHTWEISE

„Ihre Werte sind vollkommen in Ordnung“, ein Satz über den man sich eigentlich freuen könnte. Aber woher kommen dann bitte die immer wieder auftretenden Schmerzen, die ständige Müdigkeit? Ist das pure Einbildung?

Die TCM sagt ganz klar: Nein. Denn nur weil wir eine Krankheit noch nicht nachweisen können, heißt das nicht, dass sie nicht schon da ist. Hier steht Prävention an erster Stelle. Es geht darum, „Dysbalancen“ im Körper aufzuspüren und auszugleichen, damit es gar nicht erst zu einer Krankheit kommt. Mit unterschiedlichsten Diagnostikmethoden, wie Befragung, Antlitzdiagnostik, Pulsdiagnostik etc., wird der Ursache auf den Grund gegangen und diese auch gleich mitbehandelt.

Dabei betrachtet die TCM den Menschen immer ganzheitlich. Heißt: Nicht nur der Körper, sondern auch der Geist wird genauer beleuchtet. Auch die Lebensmittel werden als Ganzes gesehen und ihre Wirkweise auf unseren Körper berücksichtigt.

In der Schulmedizin wird die Diagnose durch messbare Parameter erstellt. Meist stehen die Symptome im Fokus. Schmerzt der Bauch, wird dieser behandelt. Kann man nicht einschlafen, bekommt man eine Pille dafür. Die eigentliche Ursache wird oft außer Acht gelassen. Auch wenn es um Nahrungsmittel geht, ist der Blick heutzutage oft nicht ganzheitlich. Besonders bei Diäten werden die Lebensmittel nur in „macht dick“ oder „macht nicht dick“ unterschieden, ohne auf die Gesamtwirkung zu schauen.

DER MENSCH ALS MIKROKOSMOS IM MAKROKOSMOS

„Wir sind (...) Teil des Ganzen und mit jedem anderen Teil des Ganzen verbunden.“

Klaus-Dieter Dr. med. Platsch

HALLO ZUSAMMEN!

Ich bin das Holzelement. Und ich finde mich ganz schön super. Meine Energie steht für Wachstum und Kreativität. Ich werde auch das kleine Yang genannt, weil meine Energie nach oben gerichtet ist. Aber dennoch geordnet und eher vorsichtig. Die für mich perfekte Jahreszeit ist der Frühling, wenn die jungen Pflanzen aus dem Boden sprießen und sich ihren Weg durch die Erde ans Licht bahnen, immer der Sonne entgegen. Wenn die kahlen Äste in ein leuchtendes Grün getaucht werden.

Jetzt werden auch die Vögel aktiv und zwitschern voller Leichtigkeit und Lebensfreude ihr Dasein in die Welt. Auch die Menschen genießen die ersten warmen Sonnenstrahlen, und schwärmen nach draußen. Die beste Zeit, Visionen, Ideen und Ziele umzusetzen. Mit neuer Kraft und voller Tatendrang. Auf geht's.

HOLZ

DAS ELEMENT DER DYNAMIK

DER KÄMPFER IN DIR

Visionen haben, Ziele definieren und sie umsetzen. Hier liegt das Potential, wie sich das Holzelement bei jeden von uns entfalten kann.

DER HOLZTYP IM GLEICHGEWICHT

Wie du siehst, ist der Holztyp ein selbstbewusster Zeitgenosse. Verträglich und flexibel sowieso. Ist er im Gleichgewicht, schmiedet er nicht nur Pläne, sondern setzt sie auch um. Das Holzelement will sich in jedem von uns entfalten und dient der Selbstverwirklichung. Wer eine starke Holzenergie hat, strotzt vor Selbstbewusstsein, Entscheidungskraft und Durchsetzungsvermögen. Die aufwärtsstrebende Leber-Yang-Energie macht Holztypen aktiv und dynamisch. Dank einer rebellischen Ader sind sie echte Kämpfernaturen. Risikofreudig. Für Gerechtigkeit kämpfend. Es geht um alles oder nichts.

„Da geht noch mehr" ist das Lebensmotto. Das können sich Holztypen auch leisten. Denn sie sind von Natur aus mit einer starken Yang-Energie ausgestattet, was sich zum einen durch kräftige Muskeln und eine sportliche Figur zeigt, zum anderen durch eine mentale Stärke. Sie sind ihr eigener Herr und nicht selten kommt es vor, dass sie im Berufsleben Führungspositionen belegen oder selbstständig sind.

Läuft es einmal nicht nach Plan, ist das auch nicht weiter tragisch. Denn Plan B steht schon längst. Doch kommt ihnen jemand in die Quere, können sie auch laut werden. Doch so schnell wie das reinigende Gewitter aufzieht, ist es auch schon verflogen. Ein Humor der Extraklasse folgt meist auf einen liebenswerten Wutausbruch und alles ist im Nu wieder vergessen.

Genauso entschlossen und aktiv geht es auch in der Freizeit zu. Adrenalin muss her, aber schnell. Mountainbiking, Fußball oder Extremsportarten kommen da gerade gelegen. Hauptsache draußen. Hauptsache im Grünen. Deshalb ist es auch nicht verwunderlich, dass sich der Holztyp auch mal, für seine Verhältnisse solide, zum Joggen durch den Wald aufmacht. Einfach mal nichts tun, geht gar nicht. Denn die Holztypen sind sich einig: Wer rastet, der rostet.

Woher kommt denn so viel Energie?

Diese scheinbar nie versiegende Kraft holen sich Holztypen aus der Leber. Hier ist nämlich unsere Holzenergie (Holz-Qi) beheimatet. Zusammen mit der

HOLZ

Gallenblase bildet sie den Funktionskreis des Holzelements, dessen Leitbahnen (Meridiane) sich durch unseren gesamten Körper ziehen und uns mit ihrer Energie, dem Qi, versorgen. Eine gesunde Gallenblase ist für Entscheidungskraft und das Verantwortungsbewusstsein zuständig.

Das kommt auf den Teller:
Scharf, knackig und kross. Am besten Fleisch und noch mehr Fleisch. Es wird gepfeffert und nachgesalzen, noch bevor probiert wurde. Fastfood geht auch immer, denn der Holztyp hat wenig Zeit. Schließlich möchte er alle seine Pläne in die Tat umsetzen. Salat kommt nur auf den Tisch, wenn er absolut knackig ist.

DER HOLZTYP IM UNGLEICHGEWICHT

Ständig unter Strom, zu viel Alkohol, jede Menge Süßes, schlechte Fette und wenig Ruhe. Auf Dauer kann ein Ungleichgewicht entstehen. Denn auch der Holztyp braucht die Balance. Die Folge: die Leber läuft heiß, die Körpersäfte dehydrieren. Im Körper herrscht ein Klima von Hitze und Trockenheit.

„Spröde wie ein trockener Baum verliert er seine Geschmeidigkeit, Leichtigkeit, Flexibilität."
(Uwe Karstädt)

Das schlägt aufs Gemüt: Aus Humor und Flexibilität werden Zynismus und Narzissmus. Völlig übertriebene Wutausbrüche, deren Ausmaß weit über das normale Maß hinausgehen, verwundern das Umfeld. Das Verdauungssystem ist überlastet und die Nahrung kann nicht mehr optimal verwertet werden. Übergewicht bei dennoch straffem Gewebe, Verspannungen, Magenbeschwerden, Erschöpfung und Bluthochdruck können sich körperlich bemerkbar machen.

Ein Ungleichgewicht im Holzelement kann sich auch gegenteilig auswirken: Wenn das Leber-Yang aufgebraucht ist und das Yin überhandnimmt, macht sich das durch leises Sprechen, zögerliches und unsicheres Verhalten bemerkbar.

Tipp! ERFISCHE DEIN HOLZ-ELEMENT! > s. S. 57

EINEN WUNDERSCHÖNEN GUTEN TAG!

Ich bin das Feuerelement und ich liebe meinen Auftritt. Ihr könnt einfach nicht anders, als mich toll zu finden. Mit meiner Energie geht's euch gut, denn ich brenne für Liebe, Freude und Lachen. Ich nutze meine Begeisterungsfähigkeit, um mich zu entfalten und weiterzuentwickeln. Viele Ideen sowie meine unbändige Neugier treiben mich immer wieder an. Übrigens kann ich auch ruhig. Ich hab nämlich auch eine ganz unaufgeregte Yin-Seite mit einem klaren, wachen Geist. Außerdem kann ich tiefste und innere Freude empfinden. Wie ein „Gefühl innerer Erfülltheit" (Zitat: Klaus-Dieter Dr. med. Platsch).

Ich stehe für den Sommer. Wenn die Tage am längsten sind und die Sonne am höchsten steht. Sie spendet Licht und Wärme. Sie stimuliert das Feuer in uns. Wir alle nutzen die langen Sommerabende, um ausgelassen miteinander zu feiern, zu lachen, zu reden und zu tanzen. Einfach nur sein. Sommer, lass dich umarmen!

FEUER

DAS ELEMENT DER FREUDE

VERLIEBT INS LEBEN

Mit der Feuerenergie kommt die Begeisterungsfähigkeit, die Neugier, die Experimentierfreude. Sich neu erfinden und dabei völlig unbeschwert sein.

DER FEUERTYP IM GLEICHGEWICHT

Sparflamme gibt es beim Feuertypen nicht. Betritt er einen Raum, richten sich alle Augen auf ihn. Denn der Feuertyp ist so charismatisch, dass man ihn einfach nicht übersehen kann. Kennst du das nicht auch? Es gibt Menschen, die uns ohne bestimmten Grund faszinieren und uns mit ihrer Lebensfreude anstecken. Es ist nicht nur ihr Aussehen, es ist vielmehr die Energie, die sie ausstrahlen und die uns in ihren Bann zieht. Pure Feuerenergie. Auf liebenswerte Art und Weise macht sich der Feuertyp in seinem Umfeld unvergesslich. Als echter Sonnenschein, der immer fröhlich zu sein scheint, geht er durchs Leben und versprüht so viel Charme und Herzenswärme, dass selbst der strenge Metalltyp dahinschmilzt.

Kein Wunder, dass sich der Feuertyp Berufe sucht, wo er im Mittelpunkt steht. Entertainer, Schauspieler, Moderator oder Sänger – für Feuertypen nicht nur Beruf, sondern Berufung. Die Aufmerksamkeit genießt er natürlich. Sie ist sein Elixier. Trotz so viel Freude an kontinuierlicher Bestätigung hat das Feuerelement keine Angst vorm Alleinsein. Wenn die Yang-Freude und die Yin-Ruhe der Feuerenergie harmonisch wirken, ist ein Blick nach innen möglich, das Erlebte wird verarbeitet und genossen. Die nach außen gerichtete Yang-Freude wird zur Yin-Freude.

Woher kommt so viel Leidenschaft?

In der TCM werden dem Feuerelement die Organe Herz und Dünndarm zugeordnet. Das Herz ist hier aber nicht einfach nur ein Organ, es ist der Sitz von Liebe und von Freude. Es wacht über die Blutgefäße, in denen auch der klare und wache Geist „Shen", unsere Gefühle und unsere Persönlichkeit wohnen. Was heißt das? Unsere Blutqualität wirkt sich also auch auf den freien Fluss des Qi, unsere Emotionen und unseren Charakter aus. Du kennst das sicher auch: Ist jemand „Feuer und Flamme" für etwas oder jemanden, siehst du es in den Augen. Sie leuchten, sie funkeln, sie blitzen. Der Mensch strahlt übers ganze Gesicht. So, als wäre er frisch verliebt.

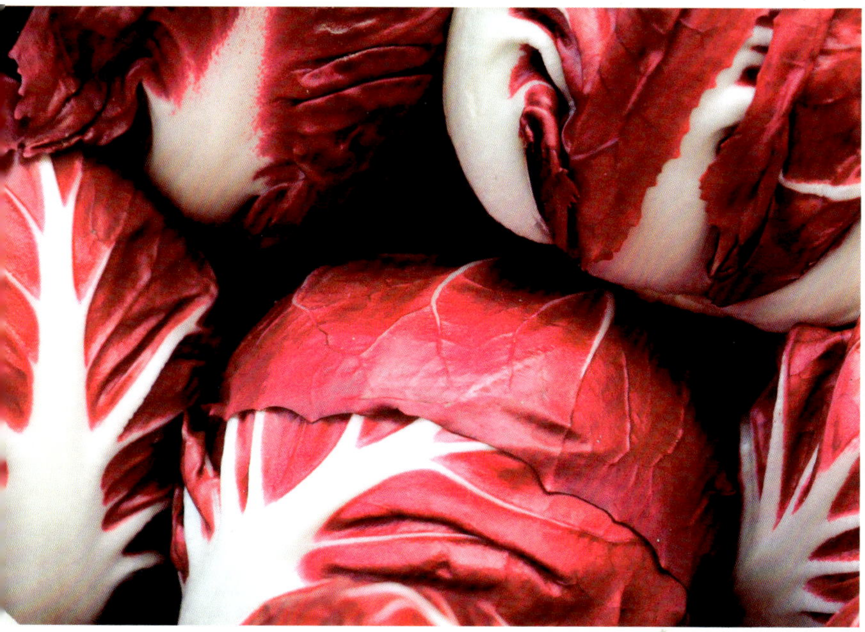

FEUER

Das kommt auf den Teller:
Standardgerichte kannst du beim Feuertyp lange suchen. Je exotischer, umso besser. Denn hier wird kein Food-Trend verpennt. Alles was neu ist, wird probiert. Dabei finden sich oft unterschiedliche Geschmacksrichtungen auf dem Teller. Scharf mit süß, oder süß mit salzig. Alles ist möglich. Als Hauptgang ein scharfes Curry mit buntem Gemüse. Zum Nachtisch Kuchen aus Chili-Schokolade mit feurig-roter Himbeersauce. Es lebe die Cross-Over-Küche!

DER FEUERTYP IM UNGLEICHGEWICHT

Ähnlich wie beim Holztyp neigt der Feuertyp dazu, sich zu verausgaben. Die Neugier und die Freude an Abwechslung bringen ein enormes Tempo in sein Leben. Viele Termine, viele Verabredungen, viele Impulse – und das in sehr kurzer Zeit. Ein Abenteuer jagt das nächste, ein Kick den anderen. Es macht aber auch zu viel Spaß. Da übersieht der Feuertyp häufig, dass ihm zwischendurch auch mal eine Pause guttun würde. Er tanzt auf so vielen Hochzeiten gleichzeitig, bis das Herz-Yang zu heiß wird. Der Feuertyp droht, an seinem eigenen Element zu verbrennen. Für Löscharbeiten wäre jetzt der kühlende Gegenpart, die Yin-Ruhe zuständig. Kommt diese nicht im erforderlichen Maß zum Einsatz, kippen die positiven Eigenschaften des Feuertyps. Mitgefühl? Hat er nicht mehr. Liebe? Ist gerade aus! Der Feuertyp bekommt stattdessen egozentrische Züge. Er will Aufmerksamkeit und Anerkennung. Aber dalli, dalli! Er ist so hektisch und so rastlos, dass es schwierig wird, mit ihm in Ruhe ein Gespräch zu führen. Ein Thema jagt das nächste, gesprochen wird meist über ihn selbst und das geht alles so schnell, dass das Gegenüber fast schon nicht mehr folgen kann. Die Begegnung mit dem einst so liebevollen Feuertyp fühlt sich plötzlich sehr unpersönlich an. Häufig leiden unausgeglichene Feuertypen an Krankheiten wie Burnout-Syndrom, Bluthochdruck, Herzrasen, Nervosität und Panikattacken.

Tipp! KÜHLE DEIN FEUER-ELEMENT! > s. S. 58

HALLO FREUNDE. SCHÖN, DASS IHR DA SEID.

Ich bin das Erdelement und habe schon alles für euch vorbereitet: Kommt an meinen reich gedeckten Tisch. Es ist genug für alle da. Was ich euch serviere? Einen nährenden Wendepunkt. Denn nachdem der Sommer mit seinem emporsteigenden, zerstreuenden Yang seinen Höhepunkt erreicht hat, bringe ich die Energie wieder sachte nach unten. Sie ist stabilisierend, ausgleichend und schafft Harmonie. Ich wandle das Yin in Yang und das Yang wieder in Yin um. Ich bin das Fundament, gebe Halt, und bin einfach nur da. Ich stelle den Boden und die Nährstoffe für die Pflanzen bereit, damit sie wachsen können.

Jetzt, im Spätsommer, kehrt wieder Ruhe ein. Es herrscht Übergangszeit. Die Temperaturen sind angenehm mild und das reife Obst fällt von den Bäumen. Die letzten warmen Sonnenstrahlen kitzeln uns in der Nase, die Luft wird klarer, wir blicken auf den Hochsommer zurück. Nicht zu kritisch. Denn alles ist gut, wie es war.

Lasst uns gemeinsam genießen und glücklich sein.

ERDE

DAS ELEMENT DER HARMONIE

DIE HARMONIE IN DIR

Die Erdenergie hilft uns, unsere Bedürfnisse wahrnehmen zu können. Sie trägt dazu bei, dass wir das Wichtige vom Unwichtigen unterscheiden können und die richtige Balance von Geben und Nehmen finden.

DER ERDTYP IM GLEICHGEWICHT

Ein Mensch mit starker Erde steht mit beiden Beinen im Leben und ist fest verwurzelt. Er zeichnet sich durch eine sympathische, pragmatische und unkomplizierte Art aus. Hilfsbereitschaft steht an erster Stelle. Das liegt daran, dass er intuitiv weiß, was der andere gerade braucht. Für die Sorgen und Bedürfnisse seiner Freunde und Kollegen hat er immer ein offenes Ohr.

Menschen mit einer starken Erdenergie strahlen von sich aus so viel Wärme und Sicherheit aus, dass sie geben, auch ohne etwas machen zu müssen. Allein dass sie da sind, reicht schon aus. In ihrer Nähe fühlt man sich einfach wohl, geborgen und sicher. Denn sie selbst ruhen in sich. Dadurch kann der Erdtyp wiederum andere erden und auf den Boden der Tatsachen zurückholen.

Als Genussmensch hat der Erdtyp den Kühlschrank gern gefüllt. Logisch, dass er sich gern Zeit fürs Essen nimmt. Deshalb wird nach Möglichkeit jede Mahlzeit geplant. Veränderungen braucht der Erdtyp nicht. Ein fester Job mit immer gleichen Abläufen ist ideal. Dabei liegen ihm seine Kollegen und das Klima in der Firma besonders am Herzen. Denn aufgrund der harmonisierenden Grundenergie des Erdelements hat der Erdtyp das Bedürfnis, alles auszugleichen. Dank einer diplomatischen Ader setzt er sich dafür ein, dass Konflikte gelöst werden und die Harmonie unter den Kollegen wieder hergestellt wird.

Nach getaner Arbeit macht er es sich gerne gemütlich und zelebriert sein Essen. So richtig wohl fühlt sich der Erdtyp erst in Geselligkeit. Besonders dann, wenn er alle an einen Tisch gebracht hat und zusammen mit ihnen den Abend genießen kann.

Das kommt auf den Teller:

Keine halben Portionen, bitte. Der Teller muss voll sein. Voll von köstlichen Gerüchen und voll von Nahrung. Gerne deftig, kräftig und saftig. Ein schlichter Salat mit ein paar Hähnchenstreifen wäre hier bestenfalls eine Beilage. Aber der süße Nachtisch, der ist unverzichtbar. Und jetzt: auftischen, bitte!

ERDE

Woher kommt soviel Harmonie?

Magen, „Milz" und Bauchspeicheldrüse bilden den Funktionskreis der Erde. Dabei ist hier mit „Milz" nicht die Milz im westlichen Sinn gemeint, sondern die Verdauungsfunktion als solche. Der TCM nach spielt die „Milz" bei der Verwertung von Nahrung eine zentrale Rolle. Sie unterscheidet das Brauchbare von Nichtbrauchbarem und leitet die Nährstoffe an die richtigen Stellen im Körper weiter und sortiert das Überflüssige aus. Genauso ist die Milz für die Gedanken und Sinneseindrücke verantwortlich. Erlebtes wird gefiltert, verarbeitet und weitergeleitet.

DER ERDTYP IM UNGLEICHGEWICHT

Der Erdtyp liebt es, zu helfen. Dabei vergisst er manchmal sich selbst. Gerne kompensiert er die eigenen Sorgen und Probleme mit üppigem Essen. Süß oder doch lieber deftig? Am besten beides. Auch Stress und ein kaltes und regnerisches Klima können ihm zusetzen. Werden außerdem viele Milchprodukte, Süßigkeiten und Südfrüchte verzehrt, kommt es mit der Zeit zu Dysbalancen. Es bilden sich Kälte und Feuchtigkeit im Körper. Das gefällt der „Milz" gar nicht. Der freie Qi-Fluss wird gestört, die Nahrung kann nicht mehr gut verwertet werden. Schlacken sammeln sich im Körper an und machen den Menschen träge. Wie ein Sumpf ziehen sie förmlich nach unten und überdecken wie ein Schleier das eigentliche Wesen. Nicht nur das Essen bleibt jetzt unverdaut zurück. Auch die Gedanken. Sie drehen sich im Kreis und Zusammenhänge werden unsichtbar. Nach vorne gucken geht nicht. Nur die guten alten Erinnerungen zählen. Wie ihr eigenes Gewicht schleppen sie den Ballast der Vergangenheit mit sich mit.

Das alles äußert sich in vielen Facetten: Heißhunger auf Süßes, Müdigkeit (besonders nach dem Essen), Übergewicht, kalte Hände und Füße, Cellulitis, häufige Erkältungen, Allergien, weicher Stuhlgang, Grübelei, Selbstmitleid uvm.

Tipp! UNTERSTÜTZE DEIN ERD-ELEMENT! > s. S. 59

GESTATTEN SIE?

Ich bin das Metallelement und zuständig für Ordnung. Denn bei mir kommt es auf die inneren Werte an. Mein Verstand? Messerscharf. Mein Geist? Absolut klar. Deshalb bin ich im Alter reich an Lebenserfahrung und dementsprechend weise.

Frühling und Sommer standen für das überschwängliche, dynamisch nach außen gerichtete Yang. Jetzt bin ich an der Reihe. Ich kümmere mich um die Regeneration und das Kräftesammeln. Meine Energie ist nämlich dem Yang entgegengesetzt: Sie fließt nach unten, nach innen und wird langsamer. Sie nennt sich auch kleines Yin. Dabei filtere ich die Essenz aus den gemachten Erfahrungen heraus und sorge für Struktur.

Meine Jahreszeit ist der Herbst. Die Zeit, in der sich die Natur allmählich zurückzieht, die Tage kürzer werden und die Menschen mehr Zeit zu Hause verbringen. Jetzt heißt es Abschied nehmen von der aktiven Zeit. Wir besinnen uns auf die inneren Werte und konzentrieren uns auf das Wesentliche.

METALL
DAS ELEMENT DER PERFEKTION

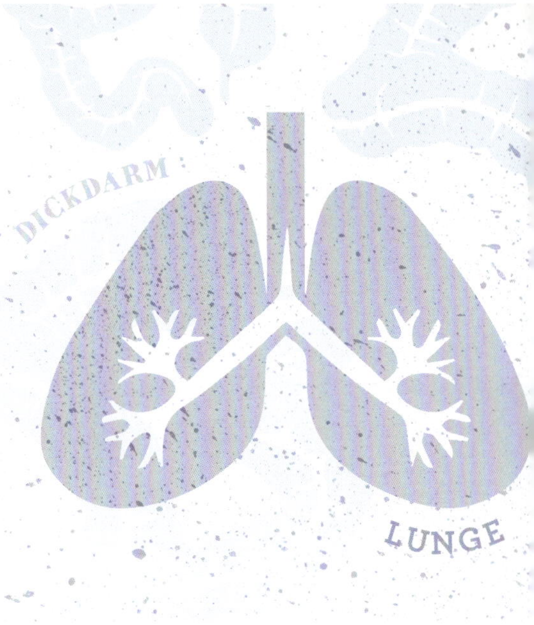

DER PERFEKTIONIST IN DIR

Die Metallenergie schafft Distanz und birgt das Potenzial in jedem von uns, analytisch und strukturiert zu denken. Das Wesentliche herauszufiltern und dabei einen kühlen Kopf zu bewahren.

DER METALLTYP IM GLEICHGEWICHT

Hier kommt das absolute Gegenteil zum Feuerelement. Eher introvertiert stellt sich der Metalltyp nicht gern in den Vordergrund. Schon wenn er einen Raum betritt, kann es sein, dass man ihn kaum bemerkt. Wie auch? Sein elfenhafter Gang sowie seine zurückhaltende Gestik sorgen für alles, nur nicht für großes Aufsehen. Das Unaufgeregte spiegelt sich auch in seinem Zuhause wider: Ordentlich, puristisch und strukturiert wohnt der Metalltyp am liebsten. Pünktlich verlässt er das Haus, um zur Arbeit zu gehen. Oder zum Yoga-Training. Oder zu einer Vernissage. Es ist die Freude an Disziplin und Regelmäßigkeit, die den Metalltypen ausmachen.

Meist ist er mit feinen Gesichtszügen ausgestattet, die Haut hell, fast durchscheinend. Durch seine Sensibilität ist er in der Lage, die Stimmungen anderer Menschen in der Umgebung wahrzunehmen. Er hat oft den richtigen Riecher und eine gute Intuition. Dadurch, dass der Verstand immer eine große Rolle spielt, kann der Metalltyp auch in kritischen Situationen analytisch bleiben, ohne sich von seinen Gefühlen lenken zu lassen. Bei sich selbst verspürt er den Wunsch nach Perfektion und hat dabei fast unmenschliche Ansprüche. Das treibt ihn einerseits zu Höchstleistungen an, kann ihn aber auch frustrieren. Er ist sehr selbstkritisch und verkennt oft seinen eigenen Wert. So verbissen er auch erscheinen mag, loslassen kann er ebenso gut. Plötzlich macht es „Klick" und es wird aufgeräumt. Ob in der Wohnung oder im Leben. Schließlich braucht Neues seinen Platz.

Woher kommt so viel Perfektionismus?

Die Lunge und der Dickdarm bilden den Funktionskreis des Metallelements. Sie verteilen die Körperflüssigkeiten auf der Haut und im Gewebe und sorgen für regelmäßige Abläufe im Menschen wie die Atmung, den Herzschlag und den Schlaf-wach-Rhythmus. Der Dickdarm ist für die Ausscheidung von Verbrauchtem zuständig. Das gilt sowohl für Nahrung als auch für seelischen Ballast.

METALL

Das kommt auf den Teller:
Knusper, knupser, knäuschen. Den Metalltyp erkennst du schon von Weitem an seinen Essgeräuschen. (Übrigens eine der wenigen Situationen, wo er auffällige Geräusche verursacht.) Er liebt alles, was krümelt, staubt und cruncht. Fühlt sich der Metalltyp abgeschlagen, greift er zu feurig-scharfen Gerichten. Danach noch eine Tasse Kaffee und weiter geht's!

DER METALLTYP IM UNGLEICHGEWICHT

Eine zarte Konstitution und hohe Ansprüche an sich selbst – ohne den nötigen Ausgleich ist eine Überanstrengung fast unausweichlich. Was kann also passieren? Der Metalltyp bekommt einen Yin-Mangel, was mit verstärkter innerer Hitze und Trockenheit einhergeht. Denn die guten Körpersäfte sind aufgebraucht. Die wichtigen Körperflüssigkeiten, die den Metalltyp flexibel und seine Haut elastisch halten, versiegen. Das schwächt das Lungen-Qi. Der Metalltyp wird unruhig, hektisch, stressanfällig und geistig unflexibel. Er leidet oft unter Dickdarmstörungen, Migräne, Schwindel und Hautproblemen. Dazu trocknen ihn seine Essgewohnheiten noch mehr aus. Er kann eine starre Körperhaltung bekommen und das Elfenhafte verschwindet. Er wirkt verhärtet, kühl und distanziert. Aus seinem Perfektionismus wird jetzt anstrengende Pedanterie – inklusive Besserwisserei, Zynismus und Prinzipienreiterei.

Ein Ungleichgewicht im Metall kann sich aber auch anders auswirken. Wenn das Metall-Yang aufgebraucht ist und das Yin überhandnimmt, herrscht im Körper zu viel Kälte und schlechte Feuchtigkeit. Das äußert sich in körperlicher Abgeschlagenheit und geistiger Erschöpfung. Auch hier wird die Lunge in Mitleidenschaft gezogen. Häufige Erkältungen mit zähem Schnupfen können dem Metalltyp das Leben schwer machen, das er aufgrund seiner jetzigen Melancholie sowieso schon als schwer empfindet.

Tipp! STÄRKE DEIN METALL-ELEMENT! > s. S. 60

WINTER

HI!

Ich bin das Wasserelement. Was ich so mache? Ich schaue vor allem hinter die Dinge. Dann suche ich nach Antworten auf die essenziellen Fragen des Lebens. Mutig und weise gehe ich den Dingen auf den Grund. Ich bin Anfang und Ende in einem. Ich schließe Dinge ab und schaffe Raum für Neues. Mir bleibe ich dabei aber immer treu, selbst wenn ich meine äußere Form ändere. Ob flüssig, gasförmig oder gefroren – ich bin ich. Meine Energierichtung ist stark nach unten und innen gerichtet – und langsamer. Fast bis zum Stillstand – aber nur fast.

Der Winter ist toll. Wie könnte es auch anders sein? Wenn es kalt ist, die Bäume kahl und die Nächte am längsten sind. Dann herrscht Ruhe. Die perfekte Zeit, um mich von den aktiven Monaten vorher zu erholen. Ich hole mir neue Kraft fürs kommende Jahr. Für meinen Nachbarn, das Holzelement. Der kann dann wieder loslegen. Denn eines ist klar: In der Ruhe liegt die Kraft.

NIERE
BLASE

NORDEN

WASSER
DAS ELEMENT DER TIEFE

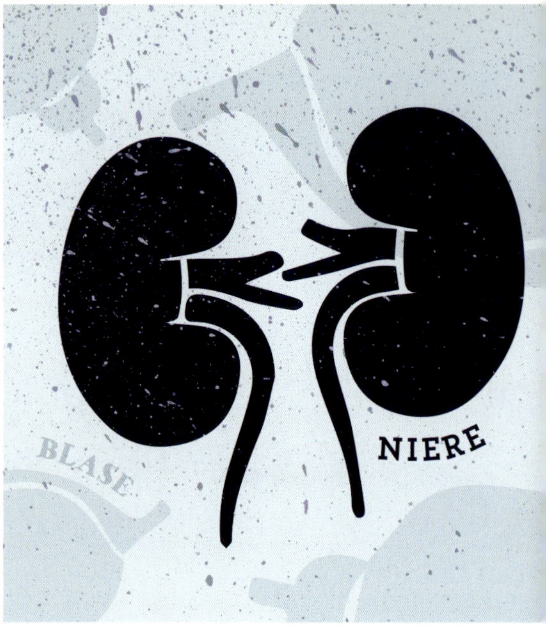

DIE KRAFT IN DIR

Im Wasserelement liegt das Potenzial der Kraft, die du aus der Ruhe schöpfen kannst. Dem Fluss des Lebens folgend, auf der Suche nach der echten Wahrheit – mit Mut und Selbstvertrauen.

DER WASSERTYP IM GLEICHGEWICHT

Menschen mit einem starken Wasserelement fließen mit dem Fluss des Lebens. Sie sind individuell und stehen dazu. Mutig meistern sie mit Beharrlichkeit und Willensstärke genau ihr Leben und nicht das der anderen. Wobei hier nicht der „Yang"-Wille „ICH will das" gemeint ist, der für das Durchsetzen der persönlichen Ziele von Nutzen ist, sondern der „Yin"-Wille, der aus der Tiefe kommt. Es ist der Wille, der den Plan der Natur verfolgt, unsere innere Stimme.

Kein Wunder, dass der Wassertyp einen tiefe Verbindung zum großen Ganzen hat. Hieraus schöpft er seine geniale, kreative und originelle Denkweise. Diese findet auf einer höheren Ebene statt. Ganz anders als beim analytischen Metallelement. Die besondere Sichtweise beim Wasserelement sorgt für eine gewisse Sicherheit. Schließlich bleibt alles im Blick und damit auch im Überblick. Realitätschecks laufen ganz automatisch und ohne Anstrengung ab und ohne dabei in Pessimismus zu verfallen.

Das kommt auf den Teller:

Ja, was eigentlich? Der Wassertyp möchte alles – bloß kein schweres Essen. Ganz solide gibt es ein Müsli zum Frühstück, mittags einen Salat und abends – da tut es auch ein Joghurt mit Früchten. Kommt eine Hauptmahlzeit auf den Tisch, wird diese noch mal nachgesalzen. Man weiß ja nie. Falls es diese nicht gibt, auch kein Problem. Denn der Wassertyp neigt auch manchmal dazu, das Essen zu vergessen.

Woher kommt so viel Tiefe?

Die Nieren bilden zusammen mit der Blase den Funktionskreis des Wasserelements. Dabei speichern sie das komplette Potenzial der Kraft. Von da aus geht die Kraft auf alle anderen Organe über. Es ist das Ursprungs-Qi, das wir von unseren Eltern mitbekommen haben und uns von Geburt an mit Lebenskraft versorgt. Das ganze Leben lang zehren wir davon. Bis es aufgebraucht ist und wir sterben. Die gute Nachricht: Wir können unser „Kraftpotenzial" stärken. Zum Beispiel über die Ernährung.

WASSER

Dieses „Kraftpotenzial“ setzt sich aus zwei Aspekten zusammen. Zum einen aus der Vitalessenz (Yin-Part), die für Ruhe und Beharrlichkeit sorgt, und zum anderen aus der Yang-Kraft, die uns Power für unsere Aktivitäten gibt. Körperlich kann sich ein starkes Nieren-Qi u.a. durch kräftige Haare, gesunde Knochen und Zähne bemerkbar machen. Mental macht es uns mutig, gibt uns Selbstvertrauen und schubst uns mit einer seichten Welle immer wieder in den Fluss des Lebens zurück, falls wir abdriften.

DER WASSERTYP IM UNGLEICHGEWICHT

Aus Sicht der TCM brauchen die Nieren den Kontrast von Yin und Yang. Ruhe und Aktion im Wechsel. Sie lieben den Kontrast. Das Yin und das Yang. Bei zu wenig Aktivität entsteht Trägheit und Kälte. Bei zu wenig Ruhe Erschöpfung und Hitze. Weil das Yin bei den Wassertypen sehr stark ausgeprägt ist, neigen sie dazu, schnell zu frieren. Rohkost und Milchprodukte unterstützen diesen negativen Effekt zusätzlich. Das Yang wird überschwemmt. Abgeschlagenheit, Missmut und häufige Erkältungen können die Folge sein. Ebenfalls sind eine sehr blasse Gesichtsfarbe, Wassereinlagerungen unter den Augen, Nachtschweiß, Übergewicht und geringes Selbstvertrauen typisch für ein Ungleichgewicht.

Kommt der Wassertyp nicht zur Ruhe, werden die Ressourcen der kühlenden Nierenkraft aufgebraucht und es entsteht zu viel Hitze. Was passiert in diesem Fall? Dunkle Augenringe, sprödes Haar, trockene Schleimhäute, chronische Erschöpfung sowie Hektik, Nervosität und Angst nehmen den Wassertypen ein.

Tipp! NÄHRE DEIN WASSER-ELEMENT! > s. S. 61

DIE 5-ELEMENTE-ERNÄHRUNG

SO BRINGST DU DICH WIEDER IN BALANCE

»Essen macht weit mehr mit uns, als uns zu ernähren. Naturbelassene Lebensmittel helfen uns, mit der Natur in Kontakt zu treten und uns harmonisch mit ihr zu verbinden. Mit der 5-Elemente-Ernährung haben wir den perfekten Draht zu ihr.«

DIE KULINARISCHEN MANIFESTATIONEN DER 5 ELEMENTE

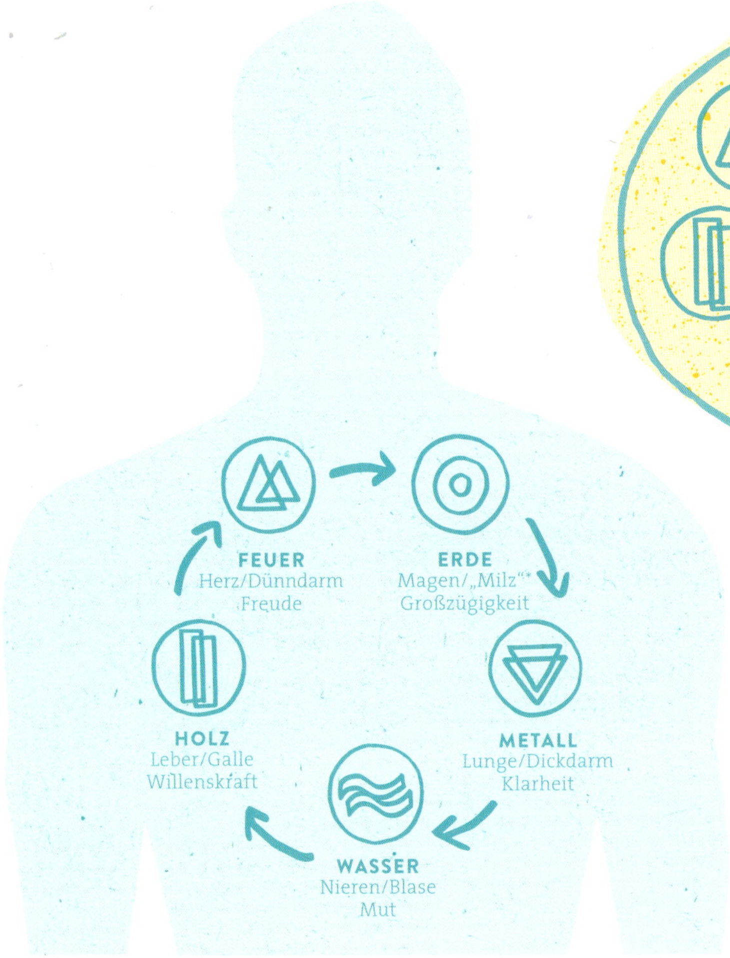

DIE LEBENSMITTEL WIRKEN HARMONISIEREND AUF KÖRPER + GEIST

* In der TCM steht die „Milz" für das westliche Verdauungssystem.

KÖRPER UND GEIST ESSEN MIT

Jedes Lebensmittel steht für eines der 5 Elemente. Und jedem Element werden ein Geschmack und eine Farbe zugeordnet, über die es gestärkt oder ausgeglichen werden kann. So hat alles, was wir essen, einen direkten Einfluss auf unseren Körper und unser Wohlbefinden. Mit der gezielten Auswahl der Nahrungsmittel kannst du jedes deiner Elemente stärken und alles, was damit zusammenhängt. Was kann Ernährung noch? Lebensmittel können sich auf deine Stimmung auswirken. Du brauchst noch nach dem Essen viel Energie für deine Aktivitiäten? Dann greif zu einem Gericht mit hohem Holz- oder Feueranteil. Für den gemütlichen Couch-Abend ist eine erdlastige Mahlzeit genau das Richtige. Und wenn du dringend Power brauchst, holt dich Essen mit wasserstärkenden Eigenschaften ruckzuck aus deiner Erschöpfung.

GESCHMACK, FARBEN UND WIRKUNG

HOLZELEMENT – SAUER UND GRÜN

Alles, was sauer schmeckt und/oder grün ist: grüne Salate, Petersilie, Pickles, säuerliche Äpfel, Zitronen, Rhabarber, Weizen, Grünkern, Chinakohl etc.	Lebensmittel dieser Kategorie helfen, die Holzorgane Leber und Galle zu regenerieren. Ihre Wirkrichtung geht nach unten, ist zusammenziehend und bewahrt dadurch die guten Körpersäfte, das Yin. Das ist genau richtig für die Leber. Denn sie neigt dazu, nach oben zu schießen und heiß zu laufen (zu Yang zu werden) und damit die Körpersäfte aufzubrauchen. So bleibst du gelassener und flexibel.

FEUERELEMENT – BITTER UND ROT

Alles, was bitter und/oder rot ist: Radicchio, Rote Bete, Chicorée, Endivien, rote Beeren, Kakao, Rotwein etc.	Feuerlebensmittel unterstützen Herz und Dünndarm. Sie tragen zur besseren Blutqualität bei. Der bittere Geschmack hilft mit seiner nach unten lenkenden Energie der Verdauung, kühlt den Geist. Die bitter-wärmenden Lebensmittel wirken der überschüssigen Feuchtigkeit entgegen, ohne dabei die Säfte des Herzens aufzubrauchen. Achtung: Die Genussmittel Kaffee und Rotwein trocknen in großen Mengen zu stark aus, daher nur im Maßen genießen.

ERDELEMENT – SÜSS UND GELB/ORANGE

Alles, was süß schmeckt und/oder gelb/orange ist: gekochtes Essen, Kürbis, Möhren, Lupinen, Süßkartoffeln, alle Getreidesorten (vor allem Hirse), Öl, Butter, Nüsse, Fleisch, Reismalz etc.	Diese Lebensmittel helfen der „Milz" – die in der TCM für das westliche Verdauungssystem steht –, das Qi aus der Nahrung zu gewinnen. Dabei entspannen wir und sind rundum zufrieden. Süße Lebensmittel sollten aber keinen raffinierten Industriezucker enthalten. Denn dieser bewirkt genau das Gegenteil und ist ein richtiger „Qi-Vampir", der zusätzlich die Schleimbildung fördert. Die 5-Elemente-Ernährung setzt auf eine natürliche Süße. Eine Süße, die durch das Kochen entsteht, die reichhaltig und nahrhaft ist. Hierunter fallen viele unserer Grundnahrungsmittel, die reich an Eiweiß, Fett und Kohlenhydraten sind.

METALLELEMENT – SCHARF UND WEISS

Alles, was scharf schmeckt und/oder weiß ist: Zwiebeln, Rettich, Radieschen, Kresse, Reis, Pfefferminztee, Kümmel, Rosmarin, Thymian, Kardamom etc.	Metalllebensmittel sind die perfekte Unterstützung für die Lungen, der Weg-frei-Macher für den angestauten Qi-Fluss – dadurch, dass das Qi nach oben und nach außen bewegt wird. Heiß-scharfes öffnet die Poren und macht uns aufnahme- und abgabefähig. Die Verbindung zum Außen.

WASSERELEMENT – SALZIG UND SCHWARZ

Alles, was salzig schmeckt, schwarz ist und/oder aus dem Meer kommt: Algen, Fisch, Bohnen, Linsen, Sojaprodukte, schwarzer Reis, schwarze Sesamsamen, Sojasoße, Gomasio, Miso etc.	Diese Lebensmittel stärken und wirken harmonisierend auf die Nieren und haben eine aufweichende und schleimlösende Wirkung. Doch zu viel Salz bewirkt wiederum genau das Gegenteil: Es wirkt austrocknend und festhaltend. Auch hier entscheidet die Qualität. Meersalz, Sojasoße oder Miso sind die bekömmlichen Varianten.

DIE THERMISCHE WIRKUNG DER LEBENSMITTEL

Scharfes Curry treibt uns Schweißperlen auf die Stirn, im Sommer kommt die kühlende Wassermelone gerade recht und im Winter steht der Eintopf hoch im Kurs. Doch warum ist das eigentlich so?

Lebensmittel zeichnen sich nicht nur durch ihre Nährstoffe aus, sie haben auch alle eine thermische Wirkung auf den Körper. Das ist das Besondere an der 5-Elemente-Ernährung und ist einfach genial. Mach dir dieses Wissen zunutze und beeinflusse damit gezielt dein körperliches und mentales Befinden.

Im Detail heißt das: Alle Nahrungsmittel werden einem bestimmten Temperaturverhalten zugeordnet. Entweder gehören sie zu der Gruppe der thermisch kühlenden, der erfrischenden, der ausgewogenen, der wärmenden oder der erhitzenden Lebensmittel. Damit ist nicht die eigentliche Temperatur in Celsiusgrad gemeint, sondern wie das Lebensmittel in unserem Körper wirkt. Nahrung kann entweder Kälte (Yin)- oder Hitzephänomene (Yang) in uns erzeugen.

In dieser Hinsicht hat die Natur eigentlich schon alles optimal geregelt. Was regional und saisonal wächst, bietet den passenden Ausgleich zu den Jahreszeiten. Im heißen Yang-Sommer wachsen erfrischende Yin-Obstsorten und Salate, die uns abkühlen. Zum Yang-Wintergemüse zählen Kohl und Wurzelgemüse, die uns als Suppe oder Eintopf in der kalten Yin-Jahreszeit wärmen und unser Yang stärken. Als Einheitsregel können wir uns nach den Jahreszeiten mit ihrem saisonalen und regionalen Angebot richten.

Doch das reizvolle und spannende der 5-Elemente-Ernährung ist, sich nach dem eigenen „inneren Klima“ beziehungsweise den eigenen Bedürfnissen zu richten.

Das kann bedeuten, dass der feurige „Hitzkopf“ im Winter auch auf die kühlenden und erfrischenden Lebensmittel zurückgreifen sollte, wie Orangen oder grüne Smoothies. Für unsere „Kaltfüßler“ wäre das wiederum ungeeignet. Sie würde noch mehr frieren. Denn selbst im Sommer können Suppen und Eintöpfe nicht heiß genug für sie sein.

KÜHLEND – ERFRISCHEND – AUSGEWOGEN – WÄRMEND – ERHITZEND

GUT ZU WISSEN:
Kommen kühlende und erhitzende Lebensmittel gleichzeitig in einer Mahlzeit vor, wirken sie beide auf ihre Weise. Sie neutralisieren sich **nicht.**

Kühlende Lebensmittel wie Orangen und Tomaten vertreiben innere Hitze. Sie haben einen stark auskühlenden Yin-Effekt, daher sparsam mit ihnen umgehen. Denn sie führen zu innerer Kälte und schwächen auf Dauer das Erdelement und damit unseren Stoffwechsel und die Verdauung.

Erfrischende Lebensmittel dazu gehören viele Gemüsesorten, Salate und heimisches Obst. Sie bauen die kostbaren Blut-und Körpersäfte auf, sorgen für Erfrischung, schützen vor Trockenheit und Überhitzung. Sie können das ganze Jahr über regelmäßig gegessen werden.

Ausgewogene Lebensmittel bilden die Grundlage der 5-Elemente-Ernährung. Dazu gehören alle Substanz aufbauenden und nährenden Lebensmittel wie Kohlenhydrate (Getreide, Wurzelgemüse), Fett und Eiweiß. Hier sollten vorwiegend vegane Eiweißquellen bevorzugt werden. Denn große Mengen an Fleisch erzeugen Hitze. Für manche Menschen aber ist Fleisch in kleinen Mengen, in Bio-Qualität und im Zusammenspiel mit gekochtem Getreide und Gemüse eine sinnvolle Ergänzung, um Substanz aufzubauen. Von den nicht-veganen Eiweißquellen sind Fisch, Geflügel und Eier in guter Qualität und kleinen Mengen am wenigsten belastend.

Wärmende Lebensmittel halten den Körper und somit die Verdauungsorgane auf Betriebstemperatur. Dazu gehören u.a. Süßkartoffeln, Lauch und Kastanien. Sie wärmen uns sanft von innen. Besonders Langgeschmortes oder Backofengerichte bringen Wärme. Sind nach dem Essen die Füße warm? Perfekt! Greif gerne öfters dazu.

Erhitzende Lebensmittel wie Chili, Knoblauch und Rotwein schützen uns vor Kälte. Doch Vorsicht! Ihre Yang-Wirkung ist sehr stark und kann auf Dauer zu einer inneren Hitze führen, die uns nicht mehr guttut. Im Winter und für „Kaltfüßler" können sie regelmäßig in Maßen verwendet werden. Die Hitzköpfe sollten besser darauf verzichten.

Übrigens: Auch die Kochtechnik beeinflusst ganz entscheidend die Wirkweise unserer Speisen. So wird aus einer thermisch kühlenden Tomate im geschmorten Zustand eine wärmende mit erfrischendem Effekt.

KOCHTECHNIKEN

ERHITZEND
Grillen, scharf anbraten

WÄRMEND
Langes Kochen, Schmoren und Backen

ERFRISCHEND
Blanchieren, Short cook, Pickles

KÜHLEND
Tiefgekühltes, Rohkost

UNSER 5-ELEMENTE-BAUKASTENPRINZIP FÜR DEINEN TAG

Hier kommt ein Tool, das dir hilft, deine eigenen 5-Elemente-Gerichte ganz einfach zusammenzustellen.

DIE 3 HAUPTBESTANDTEILE

Getreide, Gemüse, Eiweiß – bilden die Basis der 5-Elemente-Ernährung und sollten den Großteil deiner täglichen Mahlzeiten ausmachen.

Getreide: Alle Getreidesorten stärken unser Erdelement und somit die Verdauung. Sie versorgen uns mit geballter Kraft und bauen zudem gute Körpersäfte auf. Gleichzeitig haben sie eine reinigende Wirkung. Zu 5-Elemente-Getreidesorten gehören z. B. Reis, Hirse und Buchweizen. Nahrungsmittel aus Auszugsmehlen wie Brot, Gebäck, Pizza, Pasta etc. hingegen nicht.

Gemüse: Einmal gibt es das erfrischende Yin-Gemüse, das über der Erde wächst und nur kurz gegart wird. Dazu gehören z. B. Mangold und Brokkoli. Yang-Gemüse, wie z. B. Rote Bete und Möhren, wächst unter der Erde. Besonders durch langes Kochen wärmt und stärkt es.

Eiweiß: Um stark zu bleiben und fit zu sein, ist Eiweiß unverzichtbar. Mindestens ein- bis zweimal am Tag sorgt es für Power und baut Substanz auf. Gut geeignet sind sowohl pflanzliche als auch tierische Eiweiße wie z. B. Fisch, Seitan, Tofu, Hülsenfrüchte und Fleisch. Die veganen Eiweißquellen sollten jedoch überwiegen, da zu viel Fleisch Hitze im Körper erzeugt.

DIE ERGÄNZENDEN BESTANDTEILE

Suppen, Salat, Obst, Pickles und süße Speisen – sie machen deine Mahlzeiten erst komplett.

Diese Bestandteile müssen nicht alle auf einmal in einer Mahlzeit vorkommen. Teile sie nach Belieben auf – z. B. innerhalb eines Mehr-Gänge-Menüs, als 5-Elemente-Teller oder über mehrere Mahlzeiten über den Tag verteilt. Die drei Hauptbestandteile können im Mengenverhältnis variieren. Der Eiweiß-Anteil kann z. B. erhöht und dafür der Getreideanteil niedriger werden. Allerdings sollte Eiweiß immer in ausreichender Menge vorhanden sein. Das perfekte Zusammenspiel von Yin und Yang ergibt sich, wenn alle Elemente und alle Farben zusammenkommen.

Noch besser wird's, wenn du sie an deinem Elemente-Typ und dein inneres Klima, unter Berücksichtigung der Thermik anpasst.

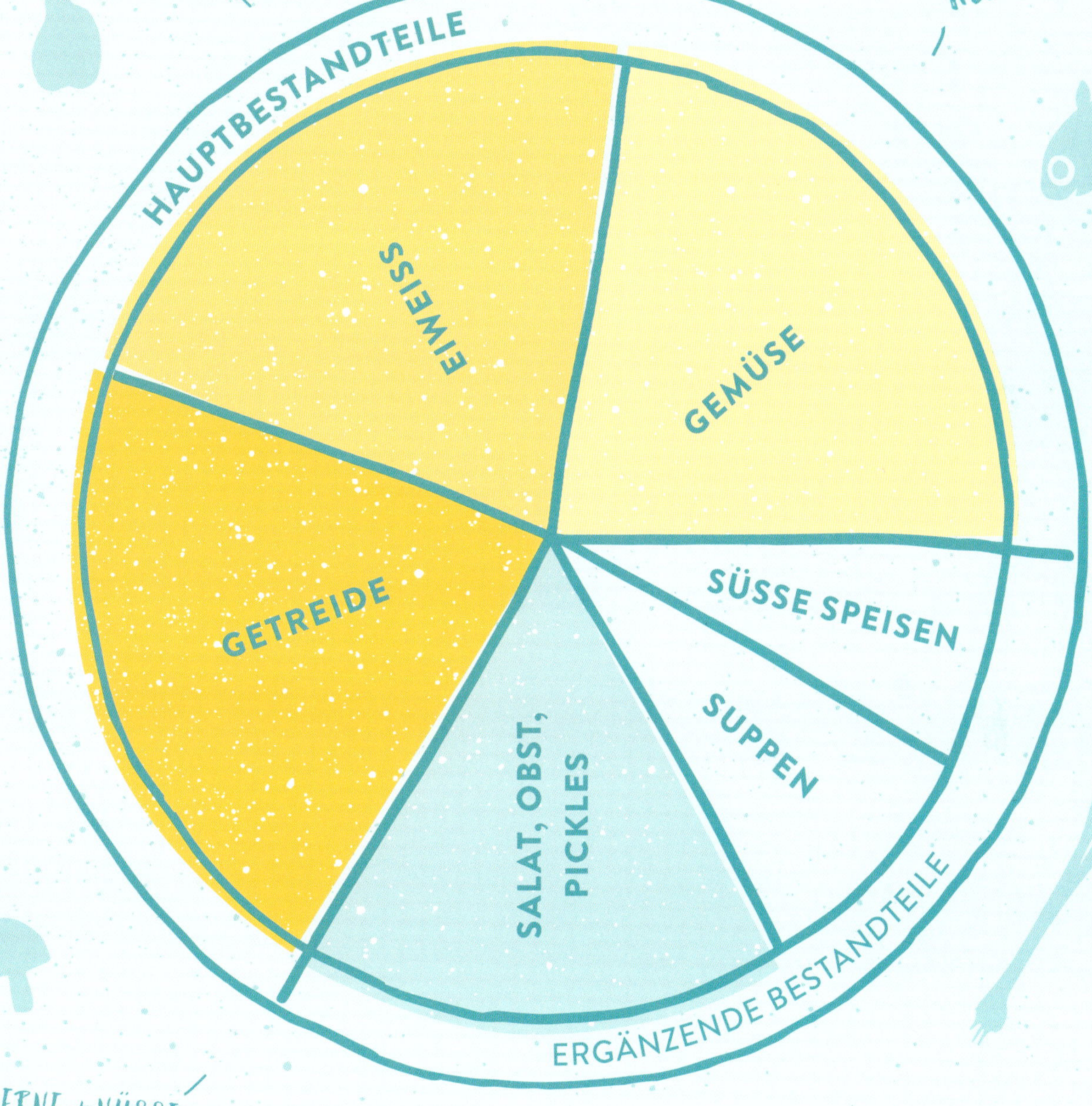

HOCHWERTIGE ÖLE UND FETTE MACHEN SATT UND ZUFRIEDEN!

ALLE ELEMENTE ALLE FARBEN

KERNE + NÜSSE NICHT VERGESSEN!

THERMIK AUF DICH ABSTIMMEN!

Schaue dir auch den Kombiteller auf > S. 170/171 an.

ISS, WAS DU BIST

WELCHE LECKEREIEN KOMMEN AUCH HINTER DEM GAUMEN NOCH RICHTIG GUT AN?

Gehen wir dieser Frage auf den Grund. Wie schon bei den 5-Elemente-Typen beschrieben, kann ein Ungleichgewicht auftreten und unser inneres Klima kommt durcheinander. Entweder wird es zu Yin, was sich durch Kälte und Feuchtigkeit zeigt. Oder es wird zu Yang, was Hitze und Trockenheit bedeutet. Oder es kommt sogar beides gleichzeitig vor. Wie das? Durch Stress, Zeitdruck und schlechte Ernährungsgewohnheiten läuft die Leber bzw. das Holzelement heiß. Gleichzeitig können sich durch thermisch kühlende Lebensmittel im Erdelement Kälte und Feuchtigkeit entwickeln.

Das führt dazu, dass unsere Lebensenergie, das Qi, ins Stocken gerät. Es kann zu vielen Beschwerden kommen, denen man aber entgegenwirken kann – mit der gezielten Auswahl an Lebensmitteln und Kochtechniken.

Doch genauso individuell wie wir sind, so unterschiedlich können sich auch die Disharmonien in uns zeigen. Deshalb geben wir im Folgenden für fünf typische Disharmonie-Muster, die relativ häufig vorkommen, Ernährungsempfehlungen. Falls du dich in keiner der 5 wirklich wiederfindest, orientiere dich einfach an der 5-Elemente-Basisernährung (s. S. 63), mit der du immer richtig liegst.

Jetzt heißt es: Einfach mal ausprobieren und beobachten, was sich verändert und wie es dir nach einer Weile ergeht.

PROBIER UNSERE REZEPTE MIT ELEMENTE-HINWEIS

ERFRISCHE DEIN HOLZELEMENT

Das Holzelement tendiert zu immer mehr Yang und damit zu heiß zu werden. Dann ist Runterkommen und Erfrischung angesagt.

GUT ZU WISSEN: Shiitake und Hatomugi helfen, alte tierische Fette auszuleiten!

Sauer macht lustig. Die zusammenziehende und erfrischende Wirkung des sauren Geschmacks bändigt die auflodernde Holzenergie. Er bewahrt wertvolle Blut- und Körpersäfte und die Leber kann sich wieder entspannen. Aber nicht nur saure, sondern auch alle grünen sowie thermisch erfrischenden Lebensmittel wirken dem heißen und trockenen Klima entgegen. Vorübergehend kann sich der Holztyp sogar aus dem kühlenden Bereich bedienen. Doch nicht zu lange, da es auf Dauer das Erdelement schwächen könnte und somit die Verdauung noch mehr lahmgelegt wird.

Auf der anderen Seite sollte man Lebensmittel meiden, die selbst erhitzend und austrocknend wirken.

DAS IST GUT

- **GRÜN, SAUER, ERFRISCHEND (AUS ALLEN ELEMENTEN)**
  Stangensellerie, Chinakohl, grüne Salate, Löwenzahn, Brokkoli, Seitan, Sprossen, Sauerkraut, Hatomugi, Rettich, Schnittlauch, Kresse, Petersilie, Radicchio, Algen, Champignons, Shiitake, Dinkel, Grünkern, saure Äpfel, Zitronen, Sauerkirschen, saure Beeren etc.
- **KÜHLEND (VORÜBERGEHEND)**
  grüne Smoothies, Joghurt, Südfrüchte, Tomaten, Rhabarber, Salatgurken etc.
- **GUTE SÜSSE SPEISEN**
  mit Reismalz, Agavendicksaft
  > siehe Rezepte ab S. 150
- **GETRÄNKE**
  Hagebuttentee, Zitronenmelissentee, frischer Minztee, Grüner Tee, Apfelsaft, Wasser
- **KOCHTECHNIK**
  dünsten, dämpfen, blanchieren, Short Cook, Wok, Pickles, Kompotte, Fruchtsuppen
- **FLEISCH ERSETZEN DURCH**
  Fisch, Seitan, Tofu, Tempeh, Bohnen, Linsen
- **SALZ ERSETZEN DURCH**
  Ume-Gewürz, Sojasoße, Miso, Gomasio
- **ERDELEMENT STÄRKEN**
  ausreichende Mengen an Getreide, hochwertige Öle, Fette, Eiweiß. Auch wärmende und ausgewogene Lebensmittel einbauen.

DAS BESSER MEIDEN

- **ERHITZEND, AUSTROCKNEND (AUS ALLEN ELEMENTEN)**
  Fleisch, viel Salz, schlechtes Fett, Chili, Pfeffer, Knoblauch, Ingwer, Rotwein, hochprozentiger Alkohol, Kaffee, Yogitee
- **SONSTIGES**
  Schweinefleisch, Süßigkeiten, Softdrinks, Fastfood, Frittiertes, zu viel essen

WORKBOOK:
Finde mehr über dein Holzelement heraus > s. S. 18

Bitte beachte bei den Empfehlungen, dass du immer mit dem Baukastenprinzip (S. 55) deine Gerichte zusammenstellst.

KÜHLE DEIN FEUERELEMENT

Das Feuerelement neigt dazu, am eigenen Yang zu verbrennen. Die „Säfte" des Herzens werden verbraucht und Herzhitze entsteht. Jetzt stehen Kühlung und Blut- und Säfteaufbau auf dem Programm.

GUT ZU WISSEN:
Trockene Büroluft? Geistige Anstrengung? Greif zur Grapefruit und erfrisch dich.

Grundsätzlich gilt hier: Alles, was der auflodernden Holzenergie entgegenwirkt, hilft auch gegen Herzhitze (s. S. 57). Grün, sauer, erfrischend. Darüber freut sich das Feuerelement genauso wie über seine roten und bitteren Vertreter, die zudem eine direkte Wirkrichtung zum Herzen haben. Der bittere Geschmack hilft, die nach oben lodernde Energie wieder nach unten zu leiten.

Vorsicht bei Espresso oder Rotwein. Sie haben zwar einen bitteren Geschmack, wirken aber austrocknend und zudem erhitzend und sollten bei Herz- als auch bei Leberhitze besser gemieden werden. Genauso, wie alle anderen thermisch erhitzenden Lebensmittel.

DAS IST GUT

- **BITTER, ROT, SAUER, GRÜN, ERFRISCHEND (AUS ALLEN ELEMENTEN)**
  Radicchio, Endiviensalat, roter Quinoa, Buchweizen, frischer Thymian, Salbei, Rosmarin, Basilikum, Quitte, Grapefruit, Feldsalat, Rucola, roter Reis, Artischocke, rote Paprika, Estragon, Petersilie, Spargel, Stangensellerie, Pickles, Chinakohl, Seitan, Rettich, Kresse, Algen. Champignons, Shiitake, Seitan, Fisch, Hatomugi, Zitrone, Sauerkirschen, Birnen, rote Beeren, Quitte etc.
- **KÜHLEND (VORÜBERGEHEND)**
  Orangen, Südfrüchte, Tomaten, Salatgurken, Rhabarber, Joghurt, Wassermelone etc.
- **GETRÄNKE**
  Hagebuttentee, frischer Minztee, Grüner Tee, Apfelsaft, Kirschsaft
- **KOCHTECHNIK**
  dünsten, dämpfen, blanchieren, Short Cook, Wok, Pickles, Kompotte, Fruchtsuppen
- **FLEISCH ERSETZEN DURCH**
  Fisch, Seitan, Tofu, Tempeh, Linsen, schwarze Bohnen, weiße Bohnen mit Tomatensauce
- **SALZ ERSETZEN DURCH**
  Ume-Gewürz, Sojasoße, Miso, Gomasio
- **ERDELEMENT STÄRKEN**
  ausreichende Mengen an Getreide, hochwertige Öle, Fette, Eiweiß, wärmende und ausgewogene Lebensmittel/Kochtechniken

DAS BESSER MEIDEN

- **ERHITZEND (AUS ALLEN ELEMENTEN)**
  tierisches Fett, insbesondere Lamm, Ziege, Gegrilltes, Garnelen, viel Salz, Frittiertes, Chili, scharfes Curry, Pfeffer, Knoblauch, Ingwer, Rotwein, hochprozentiger Alkohol, Kaffee, Yogitee, Schwarzer Tee etc.
- **SONSTIGES**
  Schweinefleisch, Süßigkeiten, Softdrinks, Fastfood, Frittiertes

WORKBOOK:
Finde mehr über dein Feuerelement heraus > s. S. 19

Bitte beachte bei den Empfehlungen, dass du immer mit dem Baukastenprinzip (S. 55) deine Gerichte zusammenstellst.

UNTERSTÜTZE DEIN ◎ ERDELEMENT

Kälte und Feuchtigkeit machen dem Erdelement zu schaffen. Die Verdauung wird träge. Jetzt braucht es innere Wärme, die Feuchtigkeit muss raus und ein süßer Geschmack muss das passende Verwöhnprogramm geben.

GUT ZU WISSEN:
Die Hirse vor dem Kochen anrösten und die Feuchtigkeit kann noch besser ausgeleitet werden.

Süß – bitter – wärmend – ausgewogen. Lebensmittel aus diesen Bereichen übernehmen diesen Job. Und wenn man sie auch noch lange kocht, schmort oder backt, ist das Erdelement so richtig glücklich und zufrieden. Warme Hände und Füße sind das beste Anzeichen dafür. Erhitzende Gewürze können auch eine Weile verwendet werden, nur nicht zu lange, da sonst auch noch zusätzlich Hitze im Körper entsteht, die sich wiederum woanders negativ auswirkt.

Lebensmittel, die thermisch kühlend sind und schlechte Feuchtigkeit bilden, sollten unbedingt eine Zeit lang gemieden werden. Dazu zählen Industriezucker, Milchprodukte wie Joghurt, Quark, Milch und Rohkost.

DAS IST GUT

WÄRMEND, AUSGEWOGEN (AUS ALLEN ELEMENTEN)
alle Getreide (insbesondere Hirse, Süßreis, Buchweizen, Congee), Wurzelgemüse, Möhren, Kürbis, Süßkartoffel, Schwarzwurzel, Petersilienwurzel, Kohl, Fenchel, Kümmel, Zimt, Ei, Rind, Lamm, Huhn, Fisch, Nüsse, Sesam, Butter, Nuss- und Mandelmus, Rosenkohl, Rosmarin, Thymian, Oregano, Basilikum, Paprikagewürz (edelsüß), Kastanien, Süßkirsche, Pfirsich etc.

SCHARF, WÄRMEND BIS ERFRISCHEND (WIRKT SCHLEIMLÖSEND)
Lauch, Schnittlauch, Porree, gekochte Zwiebeln, Bärlauch, Knoblauch, Rettich und frischer Ingwer

ERHITZEND (VORÜBERGEHEND)
Ingwer, Kakaopulver, Zimt, Pfeffer, Chili, Curry, Yogitee etc.

GETRÄNKE
Fenchel-, Anis-, Kümmeltee, warmes Wasser, süßer Gemüsetrunk, warmer Kirschsaft

KOCHTECHNIK
lange kochen, schmoren, backen

BESONDERE LEBENSMITTEL
Sojasoße, Miso, Kuzu

ZUCKER ERSETZEN DURCH
Reismalz oder Stevia, Trockenobst, selbst gemachte Süßspeisen
> *s. Rezepte ab S. 150*

DAS BESSER MEIDEN

KÜHLEND, SCHLEIMBILDEND
Zucker, Honig, Süßigkeiten, viel Obst (insbesondere Südfrüchte wie Bananen, Orangen), Rohkost (besonders Tomaten, Gurken), Schweinefleisch, Wurst, Brot, Gebäck, Kuhmilchprodukte wie Käse, Joghurt, Quark, gekühlte Getränke, Eis, Mineralwasser, Fruchtsäfte, Minztee, Grüner Tee, Früchtetees, Tiefkühlkost etc.

SAUER
Rhabarber, Sauerampfer (Pickles können in geringen Mengen gegessen werden)

WORKBOOK:
Finde mehr über dein Erdelement heraus *> s. S. 20*

Bitte beachte bei den Empfehlungen, dass du immer mit dem Baukastenprinzip (S. 55) deine Gerichte zusammenstellst.

STÄRKE DEIN ▽ METALLELEMENT

Das Metallelement hat oft mit Trockenheit, Hitze und Erschöpfung zu kämpfen. Dagegen hilft: Körpersäfte aufbauen, für Erfrischung sorgen und Kräfte auftanken.

GUT ZU WISSEN:
Mit Reis-Congee und Fruchtsuppen kannst du das Metallelement stärken. Ganz einfach zwischendurch.

Die erfrischend scharfen Lebensmittel brechen die starren, verdichteten Strukturen bei Metallhitze wieder auf. Alle erfrischenden, sauren sowie grünen Lebensmittel sorgen für Erfrischung und den Aufbau der Körpersäfte. Wenn du dein Erdelement stärkst, kommt auch dein Metallelement wieder zu Kräften. Beide freuen sich auf Fruchtsuppen, Langgekochtes mit viel Zwiebeln, Fisch, Eintöpfe mit Fleischeinlage, volle Teller mit viel Sauce und … Nachtisch!

Alle thermisch erhitzenden und trockenen Lebensmittel sollten weggelassen werden. Da sie noch weiter austrocknen und noch mehr Hitze erzeugen. Wegen der zarten Metallkonstitution sollten auch thermisch kühlende Lebensmittel gemieden werden.

DAS IST GUT

- **AUSGEWOGEN, ERFRISCHEND (AUS ALLEN ELEMENTEN)**
  Reis, Lotuswurzeln, Stangensellerie, Rote Bete, grüne Salate, Pickles, frischer Rosmarin, Petersilie, Algen, Pilze, Sauerkirschen, saure Beeren, rote Trauben, Grapefruit , Honigmelone etc.
- **SCHARF ERFRISCHEND BIS WÄRMEND, LÖST QI-STAGNATION)**
  Lauch, Schnittlauch, Porree, gekochte Zwiebeln, Bärlauch, Knoblauch, Rettich, frischer Ingwer etc.
- **GETRÄNKE**
  warmes Wasser oder bei Zimmertemperatur, Kirschsaft, Melissentee, frischer Minztee, Hagebuttentee
- **SALZ ERSETZEN DURCH**
  Ume-Gewürz, Sojasoße, Miso, Meersalz, Gomasio
- **ERDELEMENT STÄRKEN UND SUBSTANZ AUFBAUEN**
  ausreichende Mengen an Getreide, hochwertige Öle, Fette, Eiweiß, wärmende Lebensmittel/Kochtechniken
- **ERDLEBENSMITTEL, WÄRMEND BIS ERFRISCHEND**
  Wurzelgemüse, Kürbis, Birnen, Spargel, Avocado, Olivenöl, Butter, Mandelmus, (Schwarze) Bohnen, Rindfleisch, Sonnenblumenkerne, alle Getreidesorten etc.
- **SÜSSES/KNABBEREIEN**
  Reismalz, Süßspeisen *> s. ab S. 150*, Sonnenblumenkerne mit Sojasoße *> s. S. 76*, Algenchips *> s. S. 98*, Congee-Shake *> s. S. 84*

DAS BESSER MEIDEN

- **ERHITZEND, AUSTROCKNEND**
  viel Salz, alle scharfen Gewürze wie Chili, Pfeffer, Knoblauch, Rotwein (besser Weißwein), hochprozentiger Alkohol, Kaffee, Yogitee, Trockenobst, trockene Kekse, Reiscracker, Chips etc.
- **KÜHLEND**
  zu viel Rohkost, kaltes Mineralwasser, Milchprodukte (können ab und zu verwendet werden)

WORKBOOK:
Finde mehr über dein Metallelement heraus *> s. S. 21*

Bitte beachte bei den Empfehlungen, dass du immer mit dem Baukastenprinzip (S. 55) deine Gerichte zusammenstellst.

NÄHRE DEIN WASSERELEMENT

Das Wasserelement mit seiner stark nach unten gerichteten Yin-Energie neigt dazu, schnell auszukühlen und träge zu werden. Mit Wärme und dem Aufbau der Nieren-Yang-Kraft werden die Lebensgeister wieder geweckt.

GUT ZU WISSEN:
Wunderwaffe Hühnerbrühe: Lang gekocht ist sie bei Kälte und Erschöpfung ideal.
> s. S. 77

Alles, was aus dem Meer kommt oder salzig schmeckt, sowie Hülsenfrüchte stärken das Wasserelement und damit die Nierenkraft. Allerdings kommt es beim Salz auf die Dosis an. Zu viel bewirkt das Gegenteil. Es trocknet aus, macht starr und unflexibel. Um das Wasserelement zu wärmen, sind alle Lebensmittel mit wärmendem Temperaturverhalten ideal. Schmoren, Backen sowie Suppen, Eintöpfe und Backofengemüse unterstützen diese Eigenschaft. Ab und zu kann auch mal kräftig gewürzt werden, mit heiß-scharfen Gewürzen wie Chili oder Pfeffer.

Auf der anderen Seite sollten kühlende und feuchtigkeitsbildende Lebensmittel ausgelassen werden. Dazu zählen beispielsweise Milchprodukte, Rohkost, Bananen, Zucker etc.

DAS IST GUT

- **SCHWARZ, WÄRMEND BIS ERFRISCHEND (AUS ALLEN ELEMENTEN)**
  Fisch, Hülsenfrüchte (besonders Adzuki-Bohnen), alle Getreide, Schwarzwurzel, schwarze Oliven, schwarzer Sesam, Algen (Hijiki, Kombu), Wurzelgemüse, Kohl, Fenchel, Zwiebel (gebraten), Kümmel, Kardamom, Rind, Nüsse, Butter, Rosenkohl, Rosmarin, Lauch, Kastanien etc.
- **ERHITZEND (VORÜBERGEHEND)**
  Lamm, Pfeffer, Knoblauch, Chili, Yogitee etc.
- **GETRÄNKE**
  Fenchel-, Anis-, Kümmeltee, warmes Wasser oder bei Zimmertemperatur
- **KOCHTECHNIK**
  lange kochen, schmoren, backen, rösten
- **BESONDERS STÄRKENDE GERICHTE**
  Suppen (besonders Hühnersuppe und Misosuppe), Adzuki-Bohneneintopf oder Eintöpfe mit Fleischeinlage, Congee, Backofengemüse
- **SALZ ERSETZEN DURCH**
  Sojasoße, Miso, Gomasio, Umeboshi, Meersalz
- **ERDELEMENT STÄRKEN**
  ausreichende Mengen an Getreide, hochwertige Öle, Fette, Eiweiß

DAS BESSER MEIDEN

- **KÜHLEND, SCHLEIMBILDEND, SONSTIGES**
  viel Salz, raffiniertes Kochsalz, raffinierter Zucker, Rohkost (besonders Tomaten und Gurken), viel Obst (besonders Südfrüchte wie Bananen, Orangen) Kuhmilchprodukte wie Käse, Joghurt, Quark, kalte Getränke, Mineralwasser, Eis, Fruchtsäfte, Tiefkühlkost, viel Fleisch (besonders Schweinefleisch), Wurst, Schinken, Gepökeltes etc.
- **SAUER**
  Rhabarber, Sauerampfer, Pickles (können in geringen Mengen gegessen werden)

WORKBOOK:
Finde mehr über dein Wasserelement heraus > s. S. 22

Bitte beachte bei den Empfehlungen, dass du immer mit dem Baukastenprinzip (S. 55) deine Gerichte zusammenstellst.

Unsere
TOP 5
Lebensmittel aus der 5-Elemente-Küche

KUZU
STÄRKE MIT WOHLFÜHLEFFEKT

Das Helferlein mit Wohlfühleffekt. Die weißen Stärkeklümpchen werden aus der Wurzel einer japanischen Heilpflanze gewonnen und als Bindemittel verwendet. Im kalten Wasser aufgelöst und in heiße Flüssigkeit eingerührt, werden leckere Puddings, Kompotte oder Saucen gebunden. Kuzu ist sehr mineralienreich, wirkt beruhigend auf die Magen- und Darmschleimhaut und blutdrucksenkend.

REISESSIG
DER MILD ERFRISCHENDE ESSIG

Reisessig von guter Qualität wird aus fermentiertem Reis oder Reiswein hergestellt. Im Gegensatz zum thermisch erhitzenden Branntwein- oder Obstessig wirkt er erfrischend und ist deswegen bei innerer Hitze besonders zu empfehlen. Zudem unterstützt er die Verdauung und das Eiweiß kann besser aufgenommen werden. Reisessig enthält alle acht essentiellen Aminosäuren, um körpereigenes Eiweiß aufzubauen.

REISMALZ
DIE BEKÖMMLICHE SÜSSE

Reismalz besteht aus nur 3% Einfachzucker. So schießt der Blutzuckerspiegel nicht in die Höhe und belastet nicht, wie es bei Zucker oder Honig der Fall wäre. Eine tolle Möglichkeit, um auf Süßes nicht verzichten zu müssen. Aus Reismalz lassen sich viele Süßspeisen zaubern, die helfen, den raffinierten Zucker aus dem Speiseplan zu verbannen. Beim Kauf sollte man darauf achten, dass auf der Zutatenliste unbedingt „Gekeimte Gerste" steht.

HIRSE
KLEIN, ABER OHO

Die mineralstoffreiche Hirse hat einen ganz besonders starken Bezug zum Erdelement. Ihre runde Form und gelbe Farbe verraten es. Sie nimmt die schlechte Feuchtigkeit aus dem Erdorgan „Milz". So kann sie reibungslos ihren Job erledigen und die Verdauung läuft wieder rund. Genieße sie als Hirsesalat, Porridge, Bratlinge oder einfach nur als Beilage. Ein willkommener Nebeneffekt: Hirse sorgt für eine straffere Haut und glänzende Haare.

SOJASOSSE
DAS BEKÖMMLICHE SALZ

Die enzymreiche Soße aus fermentierten Sojabohnen ist eine bekömmliche Alternative zum Salz. Sie unterstützt die Verdauung, stärkt das Nieren-Qi und hat eine stark reinigende und schleimlösende Wirkung. Auf Qualität achten: Nur traditionell hergestellte Sojasoße hat diese positiven Eigenschaften. Es sollte die für die Fermentation wichtige Starter-Kultur „Koji Aspergillus Oryzae" auf der Zutatenliste stehen. Tamari ist eine weizen- bzw. glutenfreie Sojasoße.

BRINGE DICH UND DEINE ELEMENTE IN BESTFORM

Qi, Qi, wir brauchen Qi.
Mit diesen Tipps kriegst du noch mehr davon.

DIE 5-ELEMENTE-BASIS-ERNÄHRUNG

Wenn bei dir alles ausgewogen ist oder du dir nicht sicher bist, was für dich geeignet ist, dann liegst du mit der Basis-Ernährung goldrichtig. Sie stärkt dein Erdelement, nährt dich und reinigt auf sanfte Weise den Körper. Sie richtet sich nach saisonalen und regionalen Angeboten, ist sehr erdbetont und wird mit Akzenten aus den anderen Elementen verfeinert. Thermisch gesehen, sollten hauptsächlich ausgewogene sowie wärmende und erfrischende Lebensmittel auf dem 5-Elemente-Teller landen. Ab und zu können auch heiße oder kalte verwendet werden. Dabei sollten Eiweiß, hochwertiges Fett, Kohlenhydrate (Getreide) und Gemüse in ausreichender Menge auf dem Speiseplan stehen (S. 5-Elemente-Baukastenprinzip S. 55). Im Gegenzug die Süßigkeiten, Wurst und Kuhmilchprodukte reduzieren. Hast du bisher sehr viel Fleisch gegessen, am besten mit veganen Eiweißquellen variieren.

EINFACH NUR ... KAUEN

Durch gründliches Kauen werden zum einen die komplexen Kohlenhydrate, wie die im Getreide, durch den Speichel aufgespalten. Probier's mal aus: Je länger man kaut, desto süßer wird's. Doch Kauen kann noch mehr: Es stimuliert alle Verdauungsorgane, fördert den Geschmackssinn, kräftigt die Zähne und das Zahnfleisch, entspannt und wirkt sogar verjüngend.

GREIF ZUM SAISONALEN UND REGIONALEN ANGEBOT

Mit diesen Zutaten liegst du bei der 5-Elemente-Basis-Ernährung genau richtig. Reich an Qi, geben sie uns das, was wir gerade brauchen. Übrigens sind saisonale Bio-Produkte vom Wochenmarkt nicht viel teurer als Gemüse aus dem Supermarkt. Ein Unterschied, den man nicht nur spürt, sondern auch schmeckt.

SO VIEL ZEIT MUSS SEIN

Auch wenn du unterwegs bist, solltest du dir immer ein ruhiges Plätzchen gönnen und dein Essen ganz in Ruhe genießen.

MIT FRÜHSTÜCK ZUM GLÜCK

Morgens laufen die Verdauungsorgane auf Hochtouren. Greif zu einem ausgewogenen Frühstück und hol dir die Energie, die du für den Tag benötigst, um durchzustarten.

QUALITÄT BRAUCHT DER MENSCH

Je naturbelassener ein Lebensmittel, umso besser. Denn industriell verarbeitete Lebensmittel tun nichts für unser Qi.

GOODBYE TIEFKÜHLKOST, TSCHÜSS MIKROWELLE

Beides bewirkt eine Veränderung der Moleküle im Essen. Durch die veränderte Struktur ist das Essen nicht mehr bekömmlich – es verliert an Qi und belastet die Verdauung.

WENIGER BROT IST MEHR

Mit Käse-, Wurst- oder Marmeladenbroten gewinnen wir leider kein Qi. Aus Sicht der 5-Elemente-Ernährung ist Brot mit seinem Auszugsmehl und stark überzüchteten Weizen quasi Qi-los und wirkt wie ein Schwamm im Körper: Es speichert die schlechte Feuchtigkeit. Das kann zu Übergewicht führen und/oder das Abnehmen behindern. Wenn es mal gar nicht ohne Brot geht: Achte auf die Qualität und greif zu einer Sorte, die ohne Weizenmehl auskommt. Wenn du dann noch einen tollen Belag auswählst wie z. B. auf > *Seite 86* dann drücken die Elemente in dir auch mal ein Auge zu.

ENTDECKE DEN „WAHREN“ GESCHMACK

Es gibt doch nichts Leckereres als ein frisches und natürliches Lebensmittel, oder?!

ZUCKER?! DU KANNST MICH MAL!

Zucker. Immer und überall – jederzeit. Entweder aus dem Automaten, beim Bäcker oder aus dem Büdchen um die Ecke. Er ist immer präsent und er kommt bestimmt ... der Heißhunger auf Süßigkeiten.

Wieso eigentlich? Aus Sicht der TCM ist das ein Anzeichen für einen Qi-Mangel im Erdelement. Der Körper verlangt nach Süßem, weil eben das der Geschmack ist, den das Erdelement nährt, entspannt und harmonisiert. Süßigkeiten sind in dem Fall zwar kurzfristige Glücklichmacher, aber langfristig wird das Problem des Milz-Qi-Mangels nicht gelöst. Im Gegenteil! Es wird dadurch noch verstärkt. Wie schon erwähnt, ist der Zucker ein wahrer Qi-Killer, der uns zudem gut im Griff hat.

Ein Milz-Qi-Mangel entsteht dann, wenn die „Milz“, die in der TCM für Verdauung steht, zu schwach ist, Nahrung in Qi umzuwandeln, sie also nicht richtig verwerten kann. Dumpfheit, Müdigkeit, Grübelei, Allergien und Übergewicht sind nur wenige Ausdrucksformen davon. Thermisch kühlende und schleimbildende Lebensmittel fördern diesen Effekt. Darunter fallen insbesondere Milchprodukte wie Käse, Joghurt und Quark sowie Fruchtsäfte, Rohkost, Südfrüchte, Brot und ... voilà ... der Zucker! Aber was soll denn stattdessen gut sein? Das Signal ist doch sehr eindeutig. Und auf süß zu verzichten, kann doch auch nicht die Lösung sein, oder?

So kannst du langfristig den raffinierten Zucker aus deinem täglichen Speiseplan verbannen: Um erst mal über den schlimmsten Heißhunger auf süß hinwegzukommen, empfehlen wir, genügend Vorräte an Süßspeisen anzulegen, die mit natürlichen Süßquellen wie Reismalz, Stevia oder Agavendicksaft gesüßt sind. Eine Art „Ersatzdroge“.
Langfristig hilft es, das Erdelement zu stärken und zu nähren und damit auch uns selbst. Wenn du dich nach der 5-Elemente-Ernährung richtest, wirst du auf Dauer merken, dass die Süßhunger-Attacken immer mehr verschwinden. Der Geschmackssinn verändert sich. Plötzlich schmecken gekochte Möhren und Rote Bete süß. Du fühlst dich wieder klar im Kopf. Ein gutes Zeichen dafür, dass deine „Milz“ und du selbst wieder in Bestform seid.

SIND DAS NOCH „LEBENS“-MITTEL?

Unnatürliche und chemische Zusätze in Lebensmitteln wie Geschmacksverstärker, Aromen, Farb- und Konservierungsstoffe schmecken nicht nur künstlich, sondern belasten auch unseren Körper. Je mehr die Lebensmittel ihrem natürlichem Ursprung entrückt werden, je schneller sie hochgezüchtet werden, je mehr Chemie hinzugefügt wird, desto schlechter kann der Körper diese effektiv verwerten, was wiederum dem Milz-Qi schadet.

Mit ihnen geht unser natürliches Gespür und unsere Intuition für das, was wir wirklich brauchen, verloren. Auch der Kontakt zu unserem Körper und unser gesunder Appetit gehen verloren. Nur mit hochwertigen und naturbelassenen Lebensmitteln kann der Körper wieder unverfälscht und differenziert Signale an uns senden und uns mitteilen, was wir gerade wirklich brauchen und was nicht. Mit der Auseinandersetzung der 5-Elemente-Ernährung lernen wir zudem, wie wir diese Signale besser deuten können! Und wer einmal auf den „wahren“ Geschmack gekommen ist, wird es nicht mehr missen wollen. Denn er tut nicht nur gut, es schmeckt auch besser!

Möhren

Austernpilze
0,99
€/100g

EINKAUFEN MIT KÖPFCHEN – TAGELANG GENIESSEN

Einmal einkaufen und eine Woche lang viele 5-Elemente-Gerichte zubereiten. Wer clever shoppt, wird öfter satt. Lass dich inspirieren.

WIR SEHEN UNS AUF DEM WOCHENMARKT

Für uns ein echtes Highlight: Woche für Woche kaufen wir hier Regionales und Saisonales. Beim Schlendern von Stand zu Stand bekommen wir neue Ideen, Appetit und Vorfreude aufs Kochen. Denn viele Biobauern aus der Umgebung bieten hier ihre frischen Qualitätsprodukte an. Eingekauft wird nicht nach einem strengen Plan, sondern was da ist und anspricht. Das sorgt für Abwechslung und lässt Raum für Spontaneität.

LUST AUF JUNGES GEMÜSE

Damit wir die ganze Woche etwas von unserem Einkauf haben, kaufen wir Lebensmittel, die unterschiedlich lange haltbar sind. Dabei unterscheiden wir bei Obst und Gemüse in zwei Kategorien. Einmal in schnell verderbliche Sorten, die nur drei bis vier Tage halten und einmal in Sorten, die erst nach einer Woche oder später schlapp machen.

Frische Eiweißquellen wie Tofu, Tempeh oder Eier halten sich mindestens 1 Woche im Kühlschrank. Frischer Fisch und Fleisch sollten in den ersten 1 bis 2 Tagen verarbeitet werden.

DEIN VORRATSSCHRANK

Pack Vielfalt und Fülle rein und freu dich lange daran. Getreide, Hülsenfrüchte, Reismalz und Nussmus lassen sich beispielsweise mit dem Gemüse vom Wochenmarkt kreativ in eine 5-Elemente-Mahlzeit verwandeln.

Wir wünschen viel Spaß beim Einkaufen!

DIE PERFEKTE ESSENSZEIT FÜR DEINE VORRÄTE:

1-2 TAGE	3-4 TAGE	1 WOCHE	DAUERVORRAT
Fleisch und Fisch	Frische Kräuter, Salat, Pilze, Zucchini, Mangold, Blumenkohl, Radieschen, Beeren, Sommerobst etc.	Möhren, Rote Bete, Rettich Kürbis, Schwarzwurzeln, Knollensellerie, Kohlrabi, Pastinaken, Paprika, Äpfel, Birnen, Blumenkohl, Tofu, Tempeh, Eier etc.	Reis, Hirse, Buchweizen, Tamari, Quinoa, Seitan, Misopaste, Hülsenfrüchte, Reismalz, Stevia, Kuzu, Sojasoße, Mandelmus, Reisessig, Öle etc.

VIEL SPASS BEIM KOCHEN!

5-ELEMENTE-REZEPTE

BASICS UND ALLERLEI BUNTES

Freu dich auf vielfältige
und köstliche Rezepte, die dich stärken und
gleichzeitig eine reinigende Wirkung haben.
Für alle Elemente. Für dich.

H Holz **F** Feuer **E** Erde **M** Metall **W** Wasser

Auf den Rezeptseiten findest du kleine Elemente-Kreise.
Diese zeigen an, welche Elemente durch das jeweilige Rezept am meisten gestärkt werden.
Zudem erfährst du auch das Element der jeweiligen Zutat, gekennzeichnet mit **H, F, E, M** oder **W**.

Zusätzlich findest du auch Hinweise, ob das Rezept eher erfrischend oder wärmend ist.
Falls du ein Hitzkopf bist, lasse bitte die mit **!** markierten Zutaten weg.

BASICS

Jetzt geht's los.
Mit allem, was täglich auf den Tisch darf.
Probiere, kombiniere und fühl dich rundum wohl.

AUFGEPASST:
Viele unserer Rezepte sind auch weizenfrei umsetzbar. Einfach Reismalz gegen Reissirup oder Agavendicksaft austauschen. Oder Tamari als Sojasoße verwenden (wir empfehlen natürlich fermentierte Sojasoße bzw. Miso).

SCHÖN FÜR KÖRPER UND SEELE

Schönheit kommt von innen: Gib deinem Körper ein Superfood, das Haut und Haare schön macht, und befrei ihn von dem, was er nicht braucht. Auch dein Seelchen wird sich freuen.

FÜR 6 PERSONEN

H F E M W

1 Tasse Vollkorn-Rundkornreis M

CONGEE

Den Reis in einem Sieb waschen und in einem sehr großen Topf mit 7 Tassen Wasser einmal aufkochen. Dann zugedeckt bei niedriger Hitze 2–6 Stunden köcheln lassen, bis der Reis vollständig aufgequollen und eine dickflüssige Masse entstanden ist. Möglichst wenig umrühren.

Je länger der Reis kocht, desto mehr Qi enthält er!

CONGEE-CRÈME

Für die Crème den fertigen Congee durch ein feines Sieb in eine Schüssel streichen, dabei am besten mit einer Kelle oder einem Holzstößel arbeiten. Im Sieb bleiben die festen Reisfasern zurück und das, was in der Schüssel landet, ist die Congee-Crème.

FÜR 2–3 PERSONEN

H F E M W

1 Tasse Vollkorn-Rundkornreis M

REISMILCH

Für die Reismilch den Reis wie oben beim Congee beschrieben mit 10 Tassen Wasser garen, er ist flüssiger am Ende. Die Masse ebenfalls durch ein Sieb streichen, dabei zuerst nur die Flüssigkeit auffangen und beiseitestellen. Den Rest entweder so lassen (und anderweitig verwenden) oder für Congee-Crème vollständig durch das Sieb drücken.

CONGEE – MEIN SUPERFOOD

- stärkt das Erdelement und somit den gesamten Stoffwechsel
- stärkt das Lungen-Qi
- entschlackt, abnehmen inklusive
- reinigt Körper und Geist
- sorgt für straffes Bindegewebe
- lässt die Haut strahlen

Heiß auf Reis!
Wegen seiner tollen Superfood-Eigenschaften bereiten wir viele Süßspeisen mit Congee zu, kombinieren es mit Obst oder genießen es als Zwischenmahlzeit. Einfach am Wochenende den Reis in Ruhe aufsetzen und du hast einen kleinen Vorrat für die nächste Woche. Im Kühlschrank hält sich Congee bis zu 3 Tage!

ALLES DRIN FÜRS YIN

Volle Frucht voraus. Unterstütze dein Erdelement, erfrische Holz und Feuer, gib dem Metall Feuchtigkeit und nähre das Wasserelement in dir – mit nur einer Mini-Mahlzeit.

FÜR 4 PERSONEN

H F E M W

500 ml roter Traubensaft E
30–40 g Reismalz E
1 Messerspitze Vanille, gemahlen E
Kardamomsamen, gemahlen M
unraffiniertes Meersalz W
100 g Sauerkirschen aus dem Glas H
100 g Himbeeren H
100 g Heidelbeeren H
100 g Erdbeeren H
40 g helles Mandelmus E
2,5 EL Kuzu E

FRUCHTSUPPE AUS BEEREN

Den Traubensaft in einem Topf mit Reismalz, Vanille sowie je 1 Prise Kardamom und Salz aufkochen lassen, dabei ab und zu umrühren.

Währenddessen die Kirschen in einem Sieb abtropfen lassen (den aufgefangenen Saft anderweitig verwenden). Die Beeren waschen, von den Erdbeeren die Strünke entfernen. Das Obst in den kochenden Saft geben und alles einmal aufkochen lassen. Dann vom Herd nehmen und das Mandelmus einrühren.

Kuzu in 3 EL kaltem Wasser auflösen und unter Rühren zur Fruchtsuppe hinzufügen. Einmal kurz aufkochen lassen, bis alles ein wenig eindickt, und sofort wieder vom Herd nehmen. Wichtig dabei ist, immer zu rühren, damit keine Klümpchen entstehen.

FÜR 2 PERSONEN

H F E M W

2 Pfirsiche E H
2 süßsaure Äpfel E H
1 Birne E
4 Feigen E
1 EL Reismalz E
unraffiniertes Meersalz W
1–2 TL Kuzu E

FRUCHTKOMPOTT

Pfirsiche, Äpfel, Birne und Feigen schälen, halbieren, entkernen und in grobe Stücke schneiden. Das Obst mit Reismalz, 1 Schuss Wasser und 1 Prise Salz in einen Topf geben und zugedeckt aufkochen lassen. Dann zugedeckt bei niedriger bis mittlerer Hitze etwa 10 Minuten köcheln lassen, bis das Obst weich ist und sich Saft im Topf gesammelt hat. Falls das Kompott zu trocken ist, noch etwas Wasser hinzufügen.

Kuzu in 3–4 TL kaltem Wasser auflösen. Den Topf vom Herd nehmen und das aufgelöste Kuzu unter Rühren zum Kompott hinzufügen. Einmal kurz aufkochen lassen, bis alles ein wenig eindickt, und wieder vom Herd nehmen.

Wähle deine Lieblingskombi!
Greif zu dem Obst, das dir gefällt – je nach Element, Geschmack oder Saison. Ob nur eine Sorte oder ganz gemischt. Deiner Fantasie und deinen Vorlieben sind hier keinerlei Grenzen gesetzt!

Tipp!

Sehr gut für Blut- und Körpersäfte-Aufbau. Wirkt innerer Trockenheit entgegen.

KLEINE ENERGIEHELDEN MIT BISS

Hol dir das Extra an Energie und greif öfter mal zu Kernen, Nüssen oder Samen. Pimp damit dein Essen auf oder genieße sie einfach zwischendurch. Leg am besten gleich einen Vorrat an.

KERNE – PUR ODER SALZIG

1 GROSSE PORTION

H F E M W

150 g Sonnenblumenkerne E, Pinienkerne E oder Kürbiskerne E
1 EL Sojasoße W

Die Kerne in einer Pfanne ohne Fett rösten, bis sie goldbraun sind und anfangen zu duften. In ein Schälchen füllen, mit Sojasoße beträufeln und gut verrühren. Die Kerne wieder in die heiße Pfanne geben und bei niedriger Hitze so lange rühren, bis die Sojasoße nicht mehr feucht ist und an den Kernen haftet. Vom Herd nehmen und abkühlen lassen.

KERNE UND NÜSSE – SÜSS

1 GROSSE PORTION

H F E M W

150 g Nüsse oder Kerne nach Belieben E
1 EL Reismalz E

Die Nüsse oder Kerne im Ganzen oder etwas zerkleinert in einer Pfanne ohne Fett rösten, bis sie goldbraun sind und anfangen, zu duften. Dann das Reismalz dazugießen und gut unterrühren, bis alle Nüsse damit umhüllt sind. Nach 2 Minuten vom Herd nehmen und abkühlen lassen.

GOMASIO – SESAMGEWÜRZ

1 VORRATSPORTION

H F E M W

1 EL grobes unraffiniertes Meersalz W
16 EL schwarze oder helle Sesamsamen E

Das Salz in einer Pfanne bei niedriger Hitze wenige Minuten rösten und in einen Mörser geben. Anschließend den Sesam in der noch heißen Pfanne so lange rösten, bis er anfängt zu duften und zu springen. Den Sesam zum Salz in den Mörser geben und alles kräftig zermahlen, bis etwa 70 Prozent zerdrückt sind. Der Rest kann gern grobkörnig bleiben.

Gomasio – die bekömmliche Art zu salzen. Denn der Körper kann in der Verbindung das Salz und die Nährstoffe aus dem Sesam viel besser aufnehmen und verwerten. Stärkt das Wasserelement.

DIE HEISSE NUMMER

FÜR 6 PERSONEN

H F E M W

2–3 Möhren mit Schale, gedrittelt E
3 Shiitake-Pilze E
1 Petersilienwurzel, gedrittelt E
½ Lauchstange, gedrittelt M
1 Zwiebel mit Schale, halbiert M
2 Stangen Sellerie E H
2 Stängel Petersilie H
½ Knollensellerie mit Schale E
1 dicke Scheibe Rettich M
1 Zweig Rosmarin F
3 Zweige Thymian F
1 Lorbeerblatt M
1 Kombu-Alge W

Gutes aus dem Topf: Mit einem Gemüsefond hast du die perfekte Grundlage für viele Gerichte. Zauber dir köstliche und nahrhafte Menüs damit oder genieß ihn zwischendurch als Stärkung.

GEMÜSEFOND

Das Gemüse waschen und in grobe Stücke schneiden. Alle Zutaten in einem großen Topf in 2 l Wasser aufkochen lassen. Dann zugedeckt bei niedriger Hitze 1–6 Stunden köcheln. Zuletzt den Fond durch ein feines Sieb in einen weiteren Topf abseihen.

Der flexible Fond: *Es müssen nicht immer alle Zutaten dabei sein. Je nachdem, was dein Vorrat gerade hergibt.*

Unser Serviervorschlag: *Verfeinere deinen Gemüsefond mit 1 Schuss Sojasoße oder 1 TL Miso. So kannst du den Fond auch als Frühstück genießen und die Verdauung auf Vordermann bringen.*

FÜR 6 PERSONEN

H F E M W

Zutaten von oben, plus:
3 Möhren E
1 kleines Stück Ingwer (ca. 1 cm) M
1 Huhn (kein Suppenhuhn!) H
Petersilie, gehackt H
etwas Sojasoße W

Was uns am Herzen liegt: *Bitte achte beim Einkauf darauf, dass das Huhn aus bester Tierhaltung kommt.*

HÜHNERBRÜHE

Das Gemüse waschen und in grobe Stücke schneiden. Die 3 zusätzlichen Möhren ganz lassen. Einen großen Topf mit etwa 3 l Wasser füllen, das Gemüse und den Ingwer dazugeben und alles bei starker Hitze aufkochen lassen. Inzwischen das Huhn waschen, den Bürzel entfernen und das Huhn zum Gemüse geben. Alles aufkochen und den Schaum mit einem feinen Sieb abschöpfen. Ab jetzt die Suppe zugedeckt bei niedriger Hitze 2–6 Stunden köcheln.

Nach etwa 2 Stunden die 3 ganzen Möhren herausfischen und etwas Fleisch von den Knochen lösen, beides beiseitestellen. Den Rest wieder in die Brühe geben und weiterköcheln lassen. Zuletzt die Brühe durch ein feines Sieb in einen weiteren Topf abseihen. Zum Servieren das Fleisch und die Möhren in Würfel schneiden und auf Teller verteilen. Mit 2 Kellen heißer Hühnerbrühe übergießen, mit Petersilie bestreuen und 1 Schuss Sojasoße abschmecken.

Je länger die Suppe kocht, desto mehr Qi enthält sie.

FRÜHSTÜCK

*Ob Early Bird oder Langschläfer –
mit unseren Frühstücksrezepten holst du dir
die Power, um perfekt in den Tag zu starten.
Mach dich fit für deinen Alltag.*

VEGAN VOLLER ELAN

LUPINEN-TOFU-„RÜHREI" MIT BIRNE UND KAPERN

FÜR 2 PERSONEN

H F E M W

30 g Buchweizen F
unraffiniertes Meersalz W

1 EL Olivenöl E
175 g Seidentofu W
80 g Süßlupinenmehl E
2 TL Kapern, in Öl eingelegt H
unraffiniertes Meersalz W
Pfeffer, frisch gemahlen M !
1 große, nicht zu weiche Birne E
¼ TL Kümmel, gemahlen M
1 Mini-Prise Zimtpulver M
½ Bund Petersilie, gehackt H

TOPPING:
1 EL frisch gepresster Zitronensaft H
etwas Basilikum F
4 Stängel Schnittlauch, gehackt M
20 g Seidentofu W

Guten Morgen! Mit diesem Eiweißlieferanten gelingt dir ein starker Vormittag. Lass es dir schmecken und erlebe einen spannenden Kontrast von herzhaften und süßen Noten.

Den Buchweizen in 70 ml Wasser mit 1 Prise Salz aufkochen lassen und zugedeckt bei niedriger Hitze etwa 20 Minuten köcheln bzw. ausquellen, bis das Wasser vollständig vom Buchweizen aufgenommen wurde.

Inzwischen das Olivenöl in einer Pfanne erhitzen, den Seidentofu dazugeben und auseinanderdrücken. Dann das Süßlupinenmehl untermischen. Kapern, je 1 Prise Salz und Pfeffer hinzufügen. Die Lupinen-Tofu-Mischung bei starker Hitze etwa 5 Minuten anbraten, sodass teilweise eine bräunliche Kruste entsteht. Dabei immer wieder umrühren.

Die Birne waschen, entkernen, mit Schale würfeln und mit dem Buchweizen zum Lupinen-Tofu-Mix geben. Alles mit Kümmel und Zimt würzen und nochmals etwa 5 Minuten braten, bis die Birne ein wenig weicher geworden ist. Dabei immer wieder umrühren. Zuletzt die gehackte Petersilie unterrühren.

Das „Rührei" auf Tellern anrichten und mit etwas Zitronensaft beträufeln. Zuletzt Basilikum, Schnittlauch und Seidentofu darüberstreuen.

LUPINEN-POWER

Süßlupinenmehl enthält bis zu 40 Prozent Eiweiß! Es ist sehr basisch und eisenhaltig. Trägt somit zur besseren Blutqualität bei.

SÜSSER MORGEN – STARKER TAG

HIRSE-PORRIDGE MIT ÄPFELN, BIRNEN & HEIDELBEEREN

FÜR 2 PERSONEN

H F E M W

80 g Hirse E
unraffiniertes Meersalz W

1 säuerlicher Apfel H
1 Birne E
1 EL Reismalz E
unraffiniertes Meersalz W
1 TL Kuzu E

1 Handvoll Sonnenblumenkerne E
1 Handvoll Kokos-Chips E
3 EL Heidelbeeren H
oder Sauerkirschen aus dem Glas H
1 EL Mandelmus E
etwas Carobpulver E
1 EL Amarant-Pops F

Mach dich startklar für einen schönen Tag: Dieses süße Porridge ist nicht nur eine köstliche Alternative zum beliebten Marmeladenbrot, es sorgt auch noch für ein warmes und wohliges Gefühl.

Die Hirse in einem Sieb heiß abbrausen und dann in 160 ml Wasser mit 1 Prise Salz nach Packungsangabe zubereiten.

Inzwischen Apfel und Birne schälen, halbieren, entkernen und in grobe Stücke schneiden. Das Obst in einem Topf mit Reismalz, 1 Prise Salz und 1 Schuss Wasser zugedeckt aufkochen. Dann bei niedriger bis mittlerer Hitze etwa 5 Minuten köcheln, bis das Obst weich ist und sich ausreichend Saft im Topf gesammelt hat. Am besten zwischendurch überprüfen und bei Bedarf noch etwas Wasser dazugießen.

Kuzu in 2–3 TL kaltem Wasser auflösen. Den Topf vom Herd nehmen und das aufgelöste Kuzu unter Rühren zum Obst hinzufügen. Kurz aufkochen lassen, bis alles ein wenig eingedickt ist, dann vom Herd nehmen.

Sonnenblumenkerne in einer Pfanne ohne Fett goldbraun rösten, dann die Kokos-Chips bei deutlich niedrigerer Hitze goldbraun rösten. Die Heidelbeeren waschen und trocken tupfen.

Die Hirse mit dem Kompott mischen und auf Schälchen verteilen. Mit Mandelmus, Heidelbeeren oder Kirschen, Sonnenblumenkernen, Kokos-Chips, Carobpulver und Amarant bestreuen.

Tipp!

ERFRISCHE DAS HOLZELEMENT

Mit ein paar Spritzern frischer Zitrone oder lasse ein paar Apfelstücke roh.

DEIN SATTMACHER UND STARKMACHER

SPINAT-RÜHREI MIT RINDERHACK, CHAMPIGNONS UND QUINOA

FÜR 2–3 PERSONEN

H F E M W

700 g Blattspinat E
unraffiniertes Meersalz W
1 Zwiebel M
2 EL Olivenöl E
250 g Rinderhackfleisch E
50 g Quinoa F
200 g Champignons oder Shiitake-Pilze E
einige Thymianblättchen F
1 Schuss Tamari W
2 TL Amarant-Pops F
4 Eier E

50 g Sonnenblumenkerne E
4 Radieschen M
30 g Parmesan W
1 TL helle Sesamsamen E
etwas Petersilie, gehackt H
Pfeffer, frisch gemahlen M !

geröstetes Dinkelbrot

Hier kommt der große Bruder vom Powerfrühstück. Mit dieser köstlichen Kombi bekommt dein Körper alles, was er braucht, und du kommst zu Kräften, von denen du nicht wusstest, dass es sie gibt.

Den Spinat waschen und verlesen. Reichlich Salzwasser aufkochen und den Spinat darin etwa 2 Minuten köcheln. Anschließend die Flüssigkeit abgießen. Die Zwiebel schälen, fein hacken und in einer Pfanne in wenig Olivenöl etwa 5 Minuten anbraten. Das Rinderhackfleisch hinzufügen und darin unter Rühren krümelig anbraten.

Quinoa in einem Sieb so lange kalt abspülen, bis das Wasser klar bleibt. Dann in etwa 150 ml Wasser zugedeckt etwa 2 Minuten aufkochen lassen. Bei niedriger Hitze weitere 10 Minuten köcheln. Quinoa vom Herd nehmen, durchrühren und zugedeckt beiseitestellen.

Die Pilze putzen (von den Shiitake die Stiele entfernen), in Scheiben schneiden und im übrigen Olivenöl knusprig braun braten. Mit Thymian und 1 Schuss Tamari würzen und beiseitestellen. Den abgetropften Spinat zum gebratenen Rinderhack geben, etwas Amarant darüberstreuen und alles vermengen.

Die Eier verquirlen, über die Masse geben und etwa 1 Minute stocken lassen. Dann vom Herd nehmen und nochmals leicht mischen.

Die Sonnenblumenkerne in einer Pfanne ohne Fett goldbraun rösten. Die Radieschen waschen und klein würfeln. Alles auf einem Teller anrichten, mit Parmesan, Sesam, Sonnenblumenkernen und Petersilie bestreuen und mit Salz und 1 Prise Pfeffer abschmecken. Mit geröstetem Dinkelbrot servieren.

Tipp!

VEGETARISCHE VARIANTE

Einfach klein gehackten Seitan aus dem Glas oder Tofu statt Rinderhack verwenden.

DREIMAL WOHLFÜHLEN

Geschüttelt, nicht gerührt. Diese drei süßen Shakes stärken dein Erdelement. Egal, ob zum Frühstück oder zwischendurch – schon beim Trinken entsteht ein Gefühl tiefster Zufriedenheit.

KIRSCH-SHAKE

FÜR 2 PERSONEN

H F E M W

300 g Congee-Crème M E > S. 73
70 g Sauerkirschen aus dem Glas H
2 EL Reismalz E
2 EL Kokosmus E
50 ml Kokosmilch E
1 EL helles Mandelmus E
1 Prise Vanille, gemahlen E
1 Prise unraffiniertes Meersalz W

Die Congee-Crème zubereiten und noch warm mit den übrigen Zutaten fein pürieren. In Gläser verteilen und warm genießen.

Je nach Geschmack kann die Menge der einzelnen Zutaten variiert werden. Wie zum Beispiel mehr Kirschen, um es fruchtiger zu machen – ganz wie du magst.

VANILLE- UND CAROB-SHAKE

FÜR 2 PERSONEN

H F E M W

2 reife, süße Birnen E
unraffiniertes Meersalz W
1 EL Reismalz E
2 Kardamomkapseln, zerrieben M
2 TL Kuzu E
250 g Reis-Congee M E > S. 73
etwas Vanille, gemahlen E
1 EL helles Mandelmus E
2 TL Kokosmus E
50 ml Kokosmilch E

VARIANTE MIT CAROB:
Zutaten wie Vanille-Shake plus 1 EL Carob-Pulver E und dunkles anstelle von hellem Mandelmus E

Die Birnen schälen, halbieren, entkernen und klein schneiden. In einem Topf mit 1 Prise Salz, Reismalz und 1 Schuss Wasser aufkochen. Dann bei niedriger Hitze etwa 4 Minuten köcheln, bis die Birnen weich sind.

Inzwischen die Samen der Kardamomkapsel in einem Mörser zerstoßen. Kuzu in 2 TL kaltem Wasser auflösen, den Topf vom Herd nehmen und das aufgelöste Kuzu unter Rühren zu den Birnen hinzufügen, bis alles ein wenig eindickt. Einmal kurz aufkochen lassen, dann den Topf sofort vom Herd nehmen.

Congee, 1 Prise Vanille, Kardamom, Mandelmus, Kokosmus und Kokosmilch hinzufügen. Alles fein pürieren, bis eine geschmeidige Konsistenz entstanden ist. In Gläser verteilen, nach Belieben mit etwas Vanille bestreuen und warm genießen.

Für die Carob-Variante beim Pürieren zusätzlich das Carob-Pulver hinzufügen und dunkles anstelle von hellem Mandelmus verwenden. Zuletzt nach Belieben mit Carob-Pulver bestreuen.

QI-POWER

Durch das Congee birgt der Shake sehr viel Qi in sich und kühlt den Körper nicht aus wie ein Smoothie.

SCHNITTESCHÖN

SEITAN-SPIEGELEI-SANDWICH MIT ROTER BETE UND DILLGURKEN

FÜR 1 PERSON

H F E M W

1 Scheibe Seitan aus dem Glas (60 g) H
1 EL Olivenöl E
1 Ei E
unraffiniertes Meersalz W
1–2 Radieschen M
1 Rote Bete, gekocht und geschält F
1 Dillgurke, milchsauer vergoren W H
2 Dinkelbrotscheiben
etwas Butter oder Olivenöl E
1 Handvoll Rucola F
etwas Schnittlauch, gehackt M
etwas mittelscharfer, körniger Senf M

Das Brot wird hier zur Nebensache, denn der Belag hat es in sich. Schon morgens bekommst du einen Geschmackskick und einen Farbflash. Bleibt also die Frage: Was waren noch mal Käsebrötchen?

Den Seitan waschen und trocken tupfen. Das Öl in einer Pfanne erhitzen und den Seitan darin von beiden Seiten knusprig anbraten. Herausnehmen und auf Küchenpapier abtropfen lassen. Das Ei in der Pfanne von beiden Seiten als Spiegelei braten, etwas salzen. Währenddessen Radieschen waschen und mit Roter Bete und Gurke in Scheiben schneiden.

Eine Dinkelbrotscheibe mit Butter oder Öl bestreichen. Zuerst die Rote Bete, dann den Seitan, danach Gurken und Radieschen, dann das Spiegelei darauflegen. Zuletzt mit Rucola und Schnittlauch belegen.

Die andere Brotscheibe mit reichlich Senf bestreichen und umgedreht auf die Kräuter legen, das Sandwich leicht andrücken.

Tipp!

NIMM MICH MIT

Ideal für unterwegs oder für die Mittagspause.

DIE SEELE ISST MIT

CONGEE MIT MOHN, GERÖSTETEN WALNÜSSEN UND GRANATAPFEL

FÜR 2 PERSONEN

H F E M W

1 Handvoll Walnusskerne E
2 Kardamomkapseln, zerrieben M
½ Granatapfel H
3 Datteln E
250 g Congee-Crème M E > *S. 73*
1 EL Reismalz E
1 EL helles Mandelmus E
2 EL Mohn, gemahlen F
etwas Vanille, gemahlen E
unraffiniertes Meersalz W

etwas Kokosblütenzucker E, nach Belieben

Cremiges trifft auf Knuspriges, Süßes auf Erfrischendes und zusammen werden sie von einer sanften Mohnnote abgerundet. Ein Geschmack von Weihnachten. Findest du nicht auch?

Für das Topping die Walnüsse grob zerkleinern und in einer Pfanne ohne Fett anrösten, bis sie anfangen zu duften. Beiseitestellen und abkühlen lassen. Die Samen aus den Kardamomkapseln lösen und im Mörser zerstoßen. Die Schale der Granatapfelhälfte ringsherum vertikal einritzen. Die Seiten leicht auseinanderziehen und die Kerne herauslösen. Die Datteln entkernen und klein hacken.

Die Congee-Crème in einem kleinen Topf erwärmen. Reismalz, Mandelmus, Kardamom, Mohn, je 1 Prise Vanille und Salz dazugeben. Alles gut verrühren, bis die Crème eine geschmeidige Konsistenz bekommen hat.

Die Mohn-Crème noch warm in Schälchen füllen und das Topping großzügig darüber verteilen. Nach Belieben, falls es noch süßer sein soll, mit Kokosblütenzucker bestreuen.

Warum kein Milchjoghurt?
Joghurt aus Kuhmilch wirkt sehr kühlend und bildet schlechte Feuchtigkeit im Körper. Das schwächt auf Dauer das Erdelement und somit die Verdauung. Mit dieser Alternative bewirkst du genau das Gegenteil: Du stärkst dein Erdelement, deine Verdauung und dein Heißhunger auf Süßes geht zurück.

Tipp!

CRÈME DE LA CRÈME

Congee-Crème ist eine tolle Alternative zu Joghurt aus Kuhmilch.

FÜR DEINEN KATER UND DICH

BRATHERINGE MIT BRATKARTOFFELN UND RUCOLA

FÜR 4 PERSONEN

H F E M W

2 Zwiebeln M
250 ml Reisessig H
2 EL Reismalz E
unraffiniertes Meersalz W
2 Lorbeerblätter M
1 TL schwarze Pfefferkörner M !
2 Stängel Petersilie H
2 Stängel Koriandergrün M

8 Heringe, küchenfertig W
frisch gepresster Zitronensaft H
6 EL Mehl (Type 405)
3 EL Olivenöl E

1 kg festkochende Kartoffeln E
unraffiniertes Meersalz W
2–3 EL Olivenöl E
etwas Rosmarin F
etwas Sojasoße W
100 g Rucola F

War die Nacht lang? Kein Problem. Unser Katerfrühstück macht dich wieder fit und befriedigt dein Verlangen nach Deftigem und Saurem. Holzelement und Leber bekommen neuen Schwung.

Für die Marinade die Zwiebeln schälen und in dünne Ringe schneiden. In einem Topf 350 ml Wasser mit Reisessig, Reismalz, 1 Prise Salz, Lorbeerblättern und Pfefferkörnern aufkochen lassen. Sobald sich das Reismalz aufgelöst hat, 350 ml Wasser zur Marinade gießen und nochmals kurz aufkochen. Dann vom Herd nehmen und abkühlen lassen.

Die Heringe kalt waschen, trocken tupfen und mit Zitronensaft beträufeln. Das Mehl in einem tiefen Teller verteilen und die Heringe darin wenden, das überschüssige Mehl abschütteln. Das Olivenöl in einer Pfanne erhitzen und die Heringe darin auf beiden Seiten goldbraun anbraten. Dann herausnehmen und auf Küchenpapier abtropfen lassen.

4 Heringe in eine Schüssel legen und mit etwas Marinade samt Zwiebeln und Gewürzen übergießen. Jeweils 1 Stängel Petersilie und Koriander dazulegen. Die restlichen 4 Heringe darauflegen und mit dem Rest der Marinade übergießen, die übrigen Petersilien- und Korianderstängel hinzufügen. Die Heringe gut abgedeckt mindestens 1–2 Tage im Kühlschrank durchziehen lassen.

Zum Servieren die Kartoffeln schälen und in reichlich Wasser mit 1 Prise Salz weich kochen. Dann in mundgerechte Stücke schneiden und in einer Pfanne mit Olivenöl und Rosmarin von allen Seiten goldbraun anbraten. Mit den Heringen anrichten, dabei mit Sojasoße würzen und großzügig mit Rucola bestreuen.

Die Heringe halten sich etwa 10 Tage im Kühlschrank.

SAUER
MACHT LUSTIG!

APERITIFS & VORSPEISEN

*Vorfreude ist die schönste Freude.
Umso besser, wenn sie mit ein paar köstlichen
Startern beginnt, die auch noch etwas
für deine Elemente tun.*

AUSFLUG INS GRÜNE

GURKENSUPPE MIT MÖHREN UND DILL

FÜR 4 PERSONEN

H F E M W

1 Möhre E
2 Kartoffeln E
¼ Knollensellerie E
1 Petersilienwurzel E
1 l Gemüsefond H F E M W > *S. 77*
oder Hühnerbrühe H F E M W > *S. 77*
4 eingelegte Salzgurken mit etwas Gurkeneinlegewasser W H
etwas Butter E
3 EL Sahne E oder Sojasahne E W
unraffiniertes Meersalz W
Pfeffer, frisch gemahlen M !
1 Bund Dill, gehackt M

Entkomm dem Alltagsstress mit dieser Suppen-Kreation. Hier löffelst du dich zum Ausgleich bei innerer Hitze und Trockenheit und beruhigst dein Holzelement.

Möhre, Kartoffeln, Sellerie und Petersilienwurzel schälen, in kleine Würfel schneiden und in einem Topf im Gemüsefond (oder in der Hühnerbrühe) zugedeckt etwa 20 Minuten köcheln.

Währenddessen die Salzgurken schälen und auf der Gemüsereibe grob raspeln. Die Gurken in einem Topf in etwas Butter kurz anschmoren, dann zum Gemüse geben und alles zugedeckt 10 Minuten köcheln.

Zuletzt die Sahne dazugeben und die Suppe mit Salz, Pfeffer und eventuell etwas Gurkeneinlegewasser abschmecken. Zum Servieren den Dill großzügig über die Suppe streuen.

URLAUB AUF DEM TELLER

PULPO-SALAT MIT FENCHEL UND BASILIKUM

FÜR 2 PERSONEN

H F E M W

1 Oktopus (ca. 1 kg), küchenfertig W
1 Fenchel E
25 g Basilikum, abgezupft F
etwas Petersilie, abgezupft H
6 EL Olivenöl E
2 EL frisch gepresster Zitronensaft H
1 EL Reisessig H
unraffiniertes Meersalz W
Pfeffer, frisch gemahlen M !

Erinnerst du dich? Meer, Strand, Sommer? Der Salat bringt Leichtigkeit zurück und stärkt dein Wasserelement. Du wirst mutiger und wer weiß? Vielleicht stürzt du dich nächstes Mal sofort in die Fluten.

Den Backofen auf 150 °C (Ober- und Unterhitze) vorheizen. Den Oktopus kalt waschen und trocken tupfen. Dann im Ganzen mit Kopf und Tentakeln in eine passende Auflaufform geben und im Ofen etwa 1 Stunde 45 Minuten garen.

Herausnehmen und abkühlen lassen. Als Erstes den Kopf und den Mund, den man auf der unteren Seite in der Mitte findet, entfernen. Falls die Noppen an den Tentakeln zu hart geworden sind, ebenfalls entfernen. Den Rest in Stücke schneiden.

Den Fenchel halbieren, waschen, schälen und in dünne Halbmonde schneiden. Den Oktopus mit den restlichen Zutaten in eine Schüssel geben, alles gut mischen und den Salat vor dem Servieren abgedeckt etwa 1 Stunde im Kühlschrank ziehen lassen.

PIKANT AUF DIE HAND

KICHERERBSEN IM GEWÜRZMANTEL

FÜR 4 PERSONEN

H F E M W

60 g Kichererbsen aus dem Glas W
1 EL Olivenöl E

4 TL Gewürzmischung aus:
1 TL Paprikapulver, edelsüß F
1 TL Kurkuma, gemahlen F
1 TL Kümmel, gemahlen M
½ TL Koriandersamen, zerstoßen M
½ TL Kardamomsamen, zerstoßen M

1 Messerspitze Chili, nach Belieben M !
unraffiniertes Meersalz W
1 Zweig Rosmarin, abgezupft F
1 TL Reismalz E

Ob als Häppchen zum Gläschen Wein, als Beilage oder als Knabberei zwischendurch – von dieser köstlichen Eiweißquelle kann man einfach nicht genug kriegen. Wer wird da nicht gern zum Erbsenzähler?

Die Kichererbsen in einem Sieb unter fließendem kaltem Wasser gründlich abspülen und abtropfen lassen.

Das Olivenöl in einer Pfanne erhitzen und Kichererbsen, Gewürzmischung, nach Belieben Chili, 1 Prise Salz sowie die Rosmarinnadeln darin etwa 5 Minuten scharf anbraten. Dabei immer gut umrühren .

Zuletzt das Reismalz hinzufügen und gut unterrühren, die Kichererbsen karamellisieren lassen.

Tipp!

MELANCHOLISCH DRAUF?
Metall löst Stagnation: Diese Gewürze bringen dein Qi wieder zum Fließen.

WARM, WÜRZIG, WOHLFÜHLEN

BLUMENKOHL ÜBERBACKEN MIT PARMESAN-SESAM-MIX

FÜR 2 PERSONEN

H F E M W

1 Blumenkohl E
60 g Parmesan, gerieben W
2–3 TL schwarze Sesamsamen E
2 Zweige Thymian, abgezupft F
etwas kalte Butter E

So cool schmeckt Kohl. Mit dieser herrlichen Kombi aus Blumenkohl, Parmesan, Sesam und Butter bekommst du nicht nur warme Füße, sondern auch das eine oder andere Glücksgefühl.

Den Backofen auf 200 °C (Ober- und Unterhitze) vorheizen.

Den Blumenkohl waschen, achteln und den Strunk entfernen. Etwas Wasser in einem großen Topf erhitzen und den Blumenkohl in einem Dämpfeinsatz 15 Minuten dünsten, bis er weich, aber noch nicht ganz durch ist. Inzwischen Parmesan, Sesam und Thymian mischen.

Den vorgegarten Blumenkohl in eine Auflaufform geben, den Parmesan-Mix gleichmäßig darauf verteilen und leicht andrücken. Die kalte Butter in dünne Scheiben schneiden und auf den Auflauf legen. Sofort in den Backofen schieben und den Blumenkohl darin etwa 15 Minuten überbacken, bis sich eine goldbraune Kruste gebildet hat.

VORSCHLAG FÜR DEINEN 5-ELEMENTE-KOMBITELLER

Hierzu passen sehr gut Lammfiletstreifen, Couscous und Chinakohlsalat.
> *S. 146*

KNABBER DICH SCHÖN

NORI-CHIPS MIT SHOYU-DIP

FÜR 4 PERSONEN

H F E M W

3 Nori-Blätter W
1 l Olivenöl E
60 g Dinkelvollkornmehl H
5 EL Pfeilwurzelmehl E
unraffiniertes Meersalz W
3 EL Sojasoße W
1–2 EL frisch gepresster Zitronensaft H

Knusprig genießen und gleichzeitig schönes Haar bekommen? Algen enthalten viele Mineralstoffe und gehören zum Wasserelement. Freu dich auf den nächsten Fernsehabend und auf glänzende Haare.

Die Nori-Blätter zuerst jeweils in 4 Quadrate teilen und dann jedes Quadrat diagonal in 2 Dreiecke schneiden. Zum Frittieren das Olivenöl in einem mittelgroßen Topf erhitzen. Es ist heiß genug, wenn sich an einem Holzlöffelstiel, den man ins heiße Öl hält, kleine Bläschen bilden. Inzwischen Dinkel-, Pfeilwurzelmehl und 1 Prise Salz in einem Schälchen mit 70 ml kaltem Wasser zu einem Teig verrühren. Er sollte die Konsistenz eines Pfannkuchenteigs haben.

Für den Dip die Sojasoße, 5 EL heißes Wasser und den Zitronensaft in einem Schälchen gründlich verrühren.

Die Nori-Dreiecke nacheinander mit der etwasraueren Seite durch den Teig ziehen, kurz abtropfen lassen und ins Öl gleiten lassen. Die Noris sollten möglichst dünn mit Teig benetzt sein, damit die Teigkruste nicht zu dick wird. Nach und nach alle Dreiecke frittieren. Dabei am besten portionsweise arbeiten, damit sich die Blätter im Topf nicht berühren und zusammenkleben.

Sobald die Nori-Chips golbraun geworden sind und sich beim Klopfen dumpf anhören, aus dem Öl heben und auf Küchenpapier abtropfen lassen. Mit dem Dip servieren.

Falls die fertigen Chips nach einer Weile etwas weich geworden sind, werden sie im Backofen bei etwa 60 °C wieder knusprig.

ÖFTER ZUGREIFEN

Die Nori-Chips eignen sich auch als Beilage zu Hauptgerichten.

GUTE DIPS – GUTE LAUNE

Egal, ob für Partys oder einen gemütlichen Abend mit Freunden – Dips gehen immer. Unsere beiden Hummus-Hits sorgen schon beim Ansehen für gute Laune.

AVOCADO-HUMMUS

FÜR 4 PERSONEN

H F E M W

- 400 g Kichererbsen aus dem Glas W
- 2 EL Tahin (Sesammus) E
- 3–4 EL Olivenöl E
- 2 reife Avocados E
- 2 TL frisch gepresster Limettensaft H
- 1 TL Reisessig H
- 1 TL Ume-Gewürz H W
- ¼ TL Kreuzkümmel, gemahlen M
- 2 EL Koriandergrün, gehackt M
- Pfeffer, frisch gemahlen M !
- 1 TL helle und schwarze Sesamsamen, geröstet E

Die Kichererbsen in einem Sieb gründlich mit Wasser abspülen und mit Tahin und 3 EL Olivenöl in einen hohen Rührbecher geben. Die Avocados schälen, vom Kern befreien (wichtig: 1 Kern beiseitelegen) und in große Stücke schneiden. Die Avocadostücke ebenfalls in den Rührbecher geben und mit Limettensaft, Reisessig und Ume-Gewürz beträufeln. Mit Koriander und Kreuzkümmel bestreuen und mit etwas Pfeffer würzen.

Alles fein pürieren, bis eine gleichmäßige, sämig-weiche Konsistenz erreicht ist. Falls der Hummus etwas zu trocken sein sollte, noch etwas frischen Zitronensaft und 1 kleinen Spritzer Olivenöl dazugeben. Zum Servieren mit dem übrigen Olivenöl beträufeln und den gerösteten Sesam darüberstreuen. (Falls etwas übrig bleibt, einfach den Avocadokern in den Dip legen – so verfärbt er sich nicht so leicht bräunlich.)

VARIANTE ROTE-BETE-HUMMUS

VARIANTE MIT ROTER BETE:

H F E M W

- 2 Rote Bete F anstelle der Avocados E
- 1 Messerspitze Zimtpulver M
- 1 TL Meerrettich, gerieben M

Die Roten Beten waschen, nicht schälen und zugedeckt in reichlich Wasser etwa 1 Stunde weich garen. Etwas abkühlen lassen und schälen.

Die Roten Beten in große Stücke schneiden und anstelle der Avocados zu den Hummus-Zutaten geben, den Zimt darüberstreuen. Den Hummus wie oben beschrieben fein pürieren. Zuletzt den geriebenen Meerrettich untermischen.

HAPPY COLOUR

Partygäste, die nicht fehlen dürfen. Auch ideal als Topping für ein Sandwich geeignet.

APFEL MAL ANDERS

APFEL-CARPACCIO MIT BASILIKUMDRESSING

FÜR 2–3 PERSONEN

3 EL Olivenöl E
3 TL Ume-Gewürz H W
3 TL Reisessig H
2 süßsaure Äpfel E H
Saft von ½ Zitrone H
12 Basilikumblätter, gehackt F
5 Stängel Schnittlauch, gehackt M
5 Walnusskerne, geröstet und gehackt E
2 Radieschen, klein gehackt M
2 ganze Walnusskerne E und
1 Radieschen, in Scheiben M, nach Belieben

Erfrischung an heißen Tagen. Schön säuerlich sorgt dieses Apfelrezept für gute Laune und bringt Klarheit und Frische in deinen Kopf.

Für das Dressing Olivenöl, Ume-Gewürz und Reisessig in einer kleinen Schale gründlich mischen.

Die Äpfel waschen, vierteln, entkernen und in dünne Spalten schneiden. Auf einem Teller dachziegelartig anrichten und sofort mit Zitronensaft beträufeln, damit sie sich nicht bräunlich verfärben.

Basilikum, Schnittlauch, Walnüsse und Radieschen unter das Dressing mischen und dieses auf den Äpfeln verteilen. Zum Servieren das Apfel-Carpaccio nach Belieben mit ganzen Walnusskernhälften und Radieschenscheiben garnieren.

Tipp!

KOMBINIER MICH

Auch als Beilage ein willkommener Gegenpol bei deftigen Gerichten.

FISCH AUF DEN TISCH

SARDINEN GEBRATEN

FÜR 2 PERSONEN

H F E M W

250 g Sardinen, küchenfertig W
unraffiniertes Meersalz W
6 EL Mehl (Type 405)
3 EL Öl E
1 Bund Dill, abgezupft M
3 Zitronenspalten H

So simpel und so gut. Die Sardinen müssen nur kurz in die Pfanne, bevor sie es auf deinen Teller schaffen. Bei dem Geschmack bleiben sie aber auch nicht lange dort. Dein Wasserelement wird sich freuen.

Die Sardinen kalt waschen und mit Küchenpapier trocken tupfen, leicht salzen. Das Mehl in einem tiefen Teller verteilen und die Sardinen darin wenden, dabei das überschüssige Mehl abschütteln.

Die Fische in einer Pfanne im Öl auf beiden Seiten goldbraun braten. Herausnehmen und auf Küchenpapier abtropfen lassen. Zum Servieren mit Dill garnieren und die Zitronenspalten dazu reichen.

Tipp!

PERFEKTE ERGÄNZUNG
Dazu passen ein frischer grüner Rucolasalat und etwas Ciabatta.

HINGUCKER

ROTE-BETE-CARPACCIO MIT RUCOLA UND MOZZARELLA

FÜR 2 PERSONEN

H F E M W

3 große Rote Bete F
8 Radieschen M
30 g Rucola F
250 g Büffelmozzarella E
3 EL Olivenöl E
1,5 EL Reisessig H
1 EL Ume-Gewürz H W
etwas helles Gomasio E W > *S. 76*

Genieß mit allen Sinnen. Dieses Carpaccio ist Augenschmaus und Gaumenschmaus in einem. Rote Bete ist ein wahres Superfood und sollte öfter auf den Speiseplan.

Die Roten Beten waschen, nicht schälen und zugedeckt in reichlich Wasser etwa 1 Stunde weich garen. Etwas abkühlen lassen, dann schälen und die Beten in dünne Scheiben schneiden.

Inzwischen die Radieschen waschen und ebenfalls in Scheiben schneiden. Den Rucola waschen und trocken tupfen. Den Mozzarella in kleine Stückchen zupfen. Alle Zutaten auf einem großen flachen Teller übereinander anrichten. Zuerst den Rucola, dann die Rote-Bete-Scheiben, dann den Mozzarella, dann die Radieschen.

Olivenöl, Reisessig und Ume-Gewürz gut mischen und über das Carpaccio gießen. Zuletzt das Carpaccio mit Gomasio bestreuen.

Tipp!

FÜR EILIGE

Wenn's mal schnell gehen muss, kann man auch vorgegarte Rote Beten verwenden.

EIN BLECH PURES GLÜCK

ZWIEBELKUCHEN MIT SÜSSKARTOFFELN UND THYMIAN

FÜR 4 PERSONEN

H F E M W

180 g Dinkelvollkornmehl H
1 EL Pfeilwurzelmehl E
90 ml Olivenöl E
unraffiniertes Meersalz W

500 g Zwiebeln M
300 g Süßkartoffeln E
10 Zweige Thymian M
6 EL Olivenöl E
grobes unraffiniertes Meersalz W
rote Pfefferbeeren, gemahlen M
Kümmel, gemahlen M

etwas Ziegenkäse (½ Crottin de Chavignol) F, nach Belieben

Ein köstlicher Duft erfüllt den Raum und die Vorfreude wird von Minute zu Minute größer. Freu dich auf einen gemütlichen Abend mit einem warmen Stück Zwiebelkuchen und einem erfrischenden Bier.

Für den Teig Dinkel- und Pfeilwurzelmehl mit 90 ml Wasser, Olivenöl und 1 Prise Salz in einer Schüssel mischen und mit den Händen zu einem geschmeidigen Teig verkneten. Bei Bedarf noch etwas Mehl oder Wasser hinzufügen. Den Teig zu einer Kugel formen, in Frischhaltefolie wickeln und etwa 15 Minuten in den Kühlschrank stellen.

Den Backofen auf 200 °C (Ober- und Unterhitze) vorheizen und eine Springform (Ø 20 cm) mit Backpapier auslegen. Den Teig dünn ausrollen und die Springform damit auskleiden. Den Boden mit einer Gabel mehrmals einstechen.

Die Zwiebeln schälen und quer halbieren, die Süßkartoffel schälen und in Scheiben schneiden. Die Thymianblättchen abzupfen. Zwiebeln, Süßkartoffeln, Thymian und Olivenöl in einer Schüssel mischen, sodass alles mit Olivenöl benetzt ist. Den Boden zuerst mit den Süßkartoffelscheiben belegen, dann die Zwiebelhälften daraufsetzen. Zuletzt mit Thymian sowie je 1 Prise Salz, rotem Pfeffer und Kümmel bestreuen.

Den Zwiebelkuchen im Ofen etwa 50 Minuten backen, bis die Zwiebeln weich sind. Nach Belieben inzwischen den Ziegenkäse reiben und zum Servieren auf den warmen Zwiebelkuchen streuen.

SCHON GEWUSST?

Zwiebeln verändern beim Kochen und Backen ihr Element. Aus dem scharfen Metall- wird ein süßes Erdelement.

HAUPTSPEISEN

Entdecke Rezepte, die schmecken und dir alles geben, was du brauchst, um in deinem Element zu sein.

HERBSTLICH WILLKOMMEN

WIRSING-KÜRBIS-AUFLAUF MIT BÜFFELMOZZARELLA

FÜR 2–3 PERSONEN

H F E M W

120 g Risotto-Reis M
unraffiniertes Meersalz W

1 große Gemüsezwiebel (400 g) M
6 mittelgroße Shiitake-Pilze E
½ mittelgroßer Hokkaido-Kürbis E
1 Wirsing (1100 g) E
1 EL Olivenöl E
⅓ TL Kümmel, gemahlen M
250 g Büffelmozzarella E
etwas helle Sesamsamen E
etwas Sojasoße W

Der Herbst steht vor der Tür. Lass ihn mit diesem Gericht rein und stimm dich auf die kalte Jahreszeit ein. Hier tankst du Wärme und bekommst ein Gefühl von Freude.

Den Backofen auf 220 °C (Ober- und Unterhitze) vorheizen.

Den Reis in 250 ml Wasser mit 1 Prise Salz einmal aufkochen lassen, dann zugedeckt bei niedriger Hitze etwa 20 Minuten köcheln bzw. ausquellen lassen, bis das Wasser vollständig vom Reis aufgenommen wurde. Vom Herd nehmen und beiseitestellen.

Inzwischen die Zwiebel schälen und in Halbmonde schneiden. Die Shiitake-Pilze putzen, dabei die Stiele entfernen, und in Scheiben schneiden. Den Kürbis waschen, entkernen und klein würfeln. Den Wirsing waschen, vierteln, den Strunk entfernen und den Kohl in feine Streifen schneiden oder hobeln.

Das Gemüse in Schichten kochen: Etwas Olivenöl in einem großen Topf erhitzen und die Zwiebelstücke mit den Pilzen und Kümmel darin kurz anbraten, bis etwas Wasser aus den Zwiebeln austritt. Dann die Kürbiswürfel auf die Zwiebeln schichten, darauf den Wirsing setzen. (Bitte NICHT umrühren!). Alles zugedeckt bei niedriger bis mittlerer Hitze 20–30 Minuten dünsten lassen, bis der Wirsing halb gar ist. Dabei zwischendurch immer wieder überprüfen, ob sich genügend Flüssigkeit am Topfboden abgesetzt hat. Falls nicht, 1 Schuss Wasser hinzufügen, damit nichts anbrennt. Anschließend das Gemüse vorsichtig mischen.

Den Reis in einer mittelgroßen Auflaufform (32 cm) verteilen. Darauf das Gemüse setzen. Den Mozzarella in Scheiben schneiden und auf das Gemüse legen, mit Sesam großzügig bestreuen. Den Auflauf im Ofen etwa 35 Minuten garen, bis der Mozzarella zerlaufen und eine knusprige Kruste entstanden ist. Zum Servieren den Auflauf mit 1 Schuss Olivenöl verfeinern und mit Sojasoße abschmecken.

DER POWER-TOWER

5-ELEMENTE-TURM MIT ALLERLEI

FÜR 4 PERSONEN

H F E M W

250 g Hokkaido-Kürbis, entkernt E
1 Aubergine E
1 große Zwiebel M
4 EL Olivenöl E
2 EL Sojasoße W
2 EL Mirin (Reiswein) M
3 Zweige Thymian F
100 g Weintrauben E

DRESSING:

3 EL Olivenöl E
3 TL Ume-Gewürz H W
3 TL Reisessig H
6 g Basilikum, gehackt F
5 Stängel Schnittlauch, gehackt M
5 Walnusskerne, gehackt E

TOMATENSOSSE:

1 große Fleischtomate H
1 EL Olivenöl E
2 TL Mirin (Reiswein) M
2 TL Sojasoße W
1 Messerspitze Chilipulver, nach Belieben M !

300 g Seitan aus dem Glas H
80 g helle oder schwarze Sesamsamen E
3 EL Pfeilwurzelmehl E
6–12 EL Olivenöl E

200 g Reisnudeln M
40 g Rucola F
2 Radieschen, klein gehackt M

Hier kommst nicht nur du auf deine Kosten, sondern auch alle 5 Elemente. Dieser Turm ist einfach alles: kross, süß, knackig frisch, weich und saftig. Also nichts wie reinbeißen und glücklich sein.

Den Backofen auf 200 °C (Ober- und Unterhitze) vorheizen.

Kürbis und Aubergine waschen und in 1 cm dicke Scheiben schneiden. Zwiebel schälen und in breite Ringe schneiden. Das Gemüse auf einem Backblech verteilen. Olivenöl, Sojasoße und Mirin mischen und das Gemüse damit einreiben. Thymianzweige untermischen. Die Trauben waschen und darauflegen. Alles im Ofen etwa 40 Minuten garen.

Inzwischen für das Dressing alle Zutaten mischen und beiseitestellen.

Für die Tomatensoße die Tomate mit dem Sparschäler schälen, in feine Scheiben schneiden und in einer großen Pfanne im Öl kurz anbraten. Mit Mirin und Sojasoße ablöschen, nach Belieben Chili dazugeben und gut mischen.

Den Seitan waschen, trocken tupfen und in 4 gleich große Scheiben schneiden. Den Sesam in ein flaches Schälchen geben. Das Pfeilwurzelmehl in einem Schälchen in etwas kaltem Wasser auflösen, bis eine dickflüssige sämige Konsistenz entstanden ist.

Reichlich Olivenöl in einer großen Pfanne erhitzen. Die Seitan-Schnitzel durch das Pfeilwurzelmehlgemisch ziehen, abtropfen lassen. Dann im Sesam wälzen und im Öl von beiden Seiten ca. 3 Minuten goldbraun braten. Herausnehmen und auf Küchenpapier abtropfen lassen.

Zuletzt die Nudeln nach Packungsanweisung garen. Den Rucola waschen, verlesen und trocken tupfen.

Zum Servieren alles übereinanderschichten und 4 prachtvolle Türmchen bauen. Vorschlag von uns: Ganz unten die Nudeln, dann Zwiebeln, Rucola, Kürbis, Seitan-Schnitzel, Tomatensoße, Rucola, Aubergine, Zwiebel, Radieschen mit Dressing, on Top die Weintrauben.

MEHR KRAFT – WENIGER BALLAST

ADZUKI-BOHNEN-EINTOPF MIT PAPRIKA UND PILZEN

FÜR 4 PERSONEN

H F E M W

200 g Adzuki-Bohnen W
1 Stück Kombu-Alge, nach Belieben W

1 große Zwiebel M
5 rote Spitzpaprikaschoten E
12 kleine Champignons E
1 großer Shiitake-Pilz E
1 Fleischtomate H
1 große Zucchini E
2 EL Olivenöl E
1 Zweig Rosmarin F
3 Zweige Thymian F
100 ml Gemüsefond H F E M W > S. 77
2 Blätter frischer Salbei F
2 EL Reisessig H
2 EL Sojasoße W
1 EL Kapern, in Öl eingelegt H
200 g Couscous H
1 TL Umeboshi-Paste W H
2 TL Gersten-Miso (Würzpaste aus Sojabohnen) W

etwas Basilikum F
etwas Rucola F
etwas Olivenöl E

Dieser vegane Eintopf füllt deinen Kräftespeicher auf und schickt die Schlacken weg. Hol dir die Energie, die du nach vielen fleischhaltigen Grillpartys brauchst.

Die Bohnen 12 Stunden oder über Nacht nach Belieben mit der Kombu-Alge in kaltem Wasser einweichen. Am nächsten Tag das Einweichwasser abgießen. Die Bohnen und die Alge mit 600–700 ml Wasser *OHNE SALZ* in einem Topf aufkochen lassen. Den Schaum abschöpfen und die Bohnen zugedeckt bei niedriger Hitze etwa 1 Stunde 30 Minuten köcheln lassen, bis sie weich sind. Anschließend vom Herd nehmen und beiseitestellen.

Inzwischen Zwiebel schälen und vierteln. Die Paprika längs halbieren, entkernen, waschen und in Stücke schneiden. Die Champignons putzen, vom Shiitake den Stiel entfernen und alle Pilze in dünne Scheiben schneiden. Die Zucchini waschen, halbieren und in schräge Halbmonde schneiden. Die Fleischtomate mit dem Sparschäler schälen und vierteln.

Das Öl in einem großen Topf erhitzen und Zwiebel, Rosmarin und Thymian darin kurz andünsten. Paprika, Champignons und Shiitake dazugeben und anbraten. Zucchini und Tomate hinzufügen, den Fond dazugießen und mit Salbei würzen. Alles zugedeckt bei mittlerer Hitze 30–35 Minuten köcheln lassen.

Anschließend die Bohnen unter das Gemüse mischen und Reisessig, Sojasoße und Kapern hinzufügen. Alles vorsichtig mischen und in der Nachhitze der ausgeschalteten Herdplatte mindestens 10 Minuten durchziehen lassen. Währenddessen den Couscous nach Packungsanweisung zubereiten.

Zuletzt Umeboshi-Paste und Gersten-Miso in etwas Sud auflösen und vorsichtig unter den Eintopf rühren. Den Eintopf auf Tellern anrichten, mit Basilikum und Rucola großzügig bestreuen und mit 1 guten Schuss Olivenöl verfeinern.

Bohnen-Power pur: *Adzuki-Bohnen wärmen und stärken die Nieren bzw. das Wasserelement. Sie nehmen schlechte Feuchtigkeit aus dem Körper und entgiften.*

SCHNITZELJAGD

SEITAN-SESAMSCHNITZEL MIT BUNTEM BETE-SALAT UND REISNUDELN

FÜR 4–5 PERSONEN

H F E M W

3 große Zwiebeln M
2 EL Olivenöl E
1,5 EL Sojasoße W
1,5 EL Mirin (Reiswein) M
2 Zweige Thymian F
100 g blaue Weintrauben E

4 Rote Beten F
2 Gelbe Beten E
2 kleine Möhren E
3 EL Olivenöl E
2 EL Ume-Gewürz H W
4–6 EL Reisessig H
10 Basilikumblätter F
5 Walnusskerne, gehackt E

330 g Seitan aus dem Glas H
6 EL Pfeilwurzelmehl E
je 60 g helle und schwarze Sesamsamen E
12 EL Olivenöl E

200 g Reisnudeln M

etwas Rucola F
etwas Schnittlauch, gehackt M
5 Radieschen, in Scheiben M

Was gibt es Schöneres als mit allen Sinnen und allen Elementen zu genießen? Diese Schnitzel gehören zu unseren Lieblingsgerichten und machen einfach nur süchtig.

Den Backofen auf 200 °C (Ober-und Unterhitze) vorheizen. Die Zwiebeln schälen und in breite Ringe schneiden. Olivenöl, Sojasoße und Mirin mischen, die Zwiebeln damit gründlich mischen und auf einem Backblech oder in einer Auflaufform verteilen. Die Thymianzweige untermischen. Die Trauben waschen und darauflegen. Das Gemüse im Ofen 20–30 Minuten backen, bis die Zwiebeln weich sind.

Inzwischen für den Salat die Roten und Gelben Beten waschen, nicht schälen und zugedeckt in reichlich Wasser etwa 1 Stunde weich garen. Etwas abkühlen lassen, dann schälen und die Beten in Spalten schneiden. Die Möhren schälen, in Scheiben schneiden und mit den Beten in eine Schüssel geben. Für das Dressing das Öl, Ume-Gewürz, Reisessig, Basilikum und Walnusskerne gut verrühren und unter Beten und Möhren mischen.

Inzwischen den Seitan waschen, trocken tupfen und in etwa 5 x 7 cm große Scheiben schneiden. Das Pfeilwurzelmehl mit etwas kaltem Wasser glatt rühren, bis eine dickflüssige, sämige Konsistenz entstanden ist. Beide Sesamsorten getrennt in flache Schälchen geben.

Reichlich Olivenöl in einer großen Pfanne erhitzen. Die Seitan-Schnitzel zuerst durch das aufgelöste Pfeilwurzelmehl ziehen, abtropfen lassen und in einer der Sesamsorten wälzen. Dann im Öl von beiden Seiten jeweils etwa 3 Minuten goldbraun braten. Herausnehmen und auf Küchenpapier abtropfen lassen.

Zuletzt die Nudeln nach Packungsanweisung garen. Zum Servieren die Schnitzel mit den Ofenzwiebeln und dem Bete-Salat auf einem Teller anrichten und mit Rucola, Radieschen und Schnittlauch garnieren.

Tipp!

LECKERE KOMBI

Dazu passt prima der Meerrettich-Dip oder das Rote-Bete-Ketchup.

> S. 144

KNUSPRIG TRIFFT ZART

ÜBERBACKENE AUBERGINEN MIT FEIGEN, TOMATEN UND MOZZARELLA

FÜR 2 PERSONEN

H F E M W

1 Knoblauchzehe M !
1 große Aubergine E
Olivenöl E
unraffiniertes Meersalz W
6 Kirschtomaten H
½ Stange Lauch M
4 EL Balsamicoessig H
2 Schuss Agavendicksaft E
125 g Büffelmozzarella E
2 große Feigen E
Pfeffer, frisch gemahlen M !

Mach den Backofen an und freu dich auf das, was kommt: Knuspriges Topping mit faszinierender Süße und Würze gepaart mit weicher Konsistenz. Einfach nur wundern, wohlfühlen und warm werden.

Den Backofen auf 230 °C (Ober- und Unterhitze) vorheizen.

Den Knoblauch schälen und in Scheiben schneiden. Die Aubergine waschen, der Länge nach halbieren, das Fruchtfleisch mehrmals schräg einritzen und die Knoblauchscheiben in die Spalten stecken. Die Auberginen auf ein Backblech legen, mit etwas Olivenöl bestreichen und mit 1 Prise Salz bestreuen. Im Ofen etwa 30 Minuten backen.

Inzwischen die Tomaten waschen und halbieren. Den Lauch putzen, waschen und in feine Scheiben schneiden. 2 EL Olivenöl in einem kleinen Topf erhitzen und Tomaten und Lauch darin bei mittlerer Hitze etwa 3 Minuten leicht anbraten. Kurz bevor sich die Haut der Tomaten löst und der Lauch vollständig weich gegart ist, den Topf vom Herd nehmen und beiseitestellen.

Den Essig in einem kleinen Topf mit dem Agavendicksaft gut verrühren. Bei mittlerer Hitze kurz aufkochen lassen, bis eine leicht cremige Konsistenz entstanden ist. Vom Herd nehmen und abkühlen lassen.

Die Auberginen aus dem Ofen nehmen (den Ofen nicht ausschalten!) und die Knoblauchscheiben entfernen. Den Mozzarella in Scheiben schneiden und auf die Auberginen verteilen. Die Feigen waschen, vierteln und mit Tomaten und Lauch auf die Auberginen legen. Dann im Ofen noch weitere 7–8 Minuten garen, bis sich beim Mozzarella kleine Bläschen bilden.

Zum Servieren die Auberginen mit dem Essig-Mix beträufeln und mit Salz und Pfeffer würzen.

Tipp!

KÖSTLICHE BEILAGE
Vollkornreis mit knusprig gebratenem Tofu

PLAUDERTOPF

ROTE-BETE-LAMM-TOPF MIT KURKUMA-REIS

FÜR 4–6 PERSONEN

H F E M W

6 Rote Bete (etwa 500 g) F
½ Stange Lauch M
1 Möhre E
1 kleines Stück Ingwer (ca. 1 cm) M

1 Schalotte M
1 TL Olivenöl E
250 g Lammhackfleisch F !
(ersatzweise Rinderhackfleisch) E
3 EL Rosinen, grob gehackt E
1,5 EL Petersilie, gehackt H
½ TL Paprikapulver, edelsüß F E
2 EL Pinienkerne E
1 EL Tamari W
Pfeffer, frisch gemahlen M !
1 Ei, verquirlt E

220 g Basmati-Reis M
½ TL Kurkuma, gemahlen F
unraffiniertes Meersalz W

1 Schalotte M
3 EL Olivenöl E
1 TL Koriandersamen, zerstoßen M
1 TL Kümmel, gemahlen M
1 TL Kurkuma, gemahlen F
¾ TL Paprikapulver, edelsüß F E
5 EL stückige Tomaten aus der Dose H
5 EL frisch gepresster Zitronensaft H
4 TL Reismalz E

1 EL Petersilie, gehackt H
zum Garnieren

Mit diesem Gericht kommt die gute Laune wie von selbst. Denn es hat eine anregende Wirkung und sorgt für Offenheit. Lad deine Freunde ein – es gibt so viel zu erzählen!

Rote Beten schälen und achteln. Lauch, Möhre und Ingwer waschen und mit den Rote-Bete-Achteln in 1,5 l Wasser aufkochen lassen. Dann zugedeckt bei niedriger Hitze 40–50 Minuten köcheln, bis die Rote Bete gar ist. Die Rote-Bete-Achtel aus dem Sud nehmen und beiseitestellen. Lauch, Möhre und Ingwer entfernen, sodass der pure Rote-Bete-Sud im Topf zurückbleibt.

Inzwischen die Schalotte schälen, fein hacken und in einer kleinen Pfanne im Öl goldbraun anbraten. Dann abkühlen lassen. In einer großen Schüssel Schalottenwürfel, Lammhack, Rosinen, Petersilie, Paprikapulver, Pinienkerne, Tamari, Pfeffer und das verquirlte Ei mit den Händen gründlich vermengen. So lange kneten, bis eine geschmeidige Masse entstanden ist. Aus der Hackmasse etwa 12 Bällchen formen und auf einen Teller legen. Mit Folie abdecken und etwa 30 Minuten in den Kühlschrank stellen.

Währenddessen den Reis in 440 ml Wasser nach Packungsanweisung mit Kurkuma und 1 Prise Meersalz zubereiten.

Die Schalotte schälen, fein hacken und in einem großen Topf im Öl goldbraun anbraten. Koriander, Kümmel, Kurkuma und Paprika dazugeben und kurz rösten. Die stückigen Tomaten hinzufügen und alles bei starker Hitze unter Rühren etwa 7 Minuten einkochen. Mit 1 Tasse Rote-Bete-Sud ablöschen und glatt rühren. Dann den restlichen Sud, Zitronensaft und Reismalz dazugeben, verrühren und ohne Deckel etwa 10 Minuten einköcheln lassen.

Anschließend die Hackbällchen im köchelnden Sud etwa 8 Minuten garen. Dann die gekochten Rote-Bete-Stücke dazugeben und alles noch 5 Minuten köcheln lassen.

Den Kurkuma-Reis mit einer Gabel auflockern und jeweils 2 EL auf große Suppenteller verteilen. Den Eintopf darübergeben und mit der Petersilie garniert servieren.

Tipp!

FREU DICH 2-FACH

Einen Abend vorher zubereiten und es schmeckt am nächsten Tag gleich doppelt so gut.

BLEIB MAL LOCKER

TEMPEH MIT SAUERKRAUT

FÜR 2–3 PERSONEN

H F E M W

1 große Gemüsezwiebel (450 g) M
4 große Schalotten M
3 EL Olivenöl E
1 TL Kreuzkümmel, gemahlen M
unraffiniertes Meersalz W
650 g Sauerkraut, unpasteurisiert H

100 g Vollkorn-Rundkornreis M
20 g Hatomugi, nach Belieben H
½ Bund Petersilie H
unraffiniertes Meersalz W

200 g Tempeh W
8 EL Olivenöl E
6 EL Sojasoße W
Petersilie, gehackt H

Das Köpfchen läuft heiß? Bist du aufgeregt, gereizt, impulsiv? Dann ist es höchste Zeit für frischen Wind im gestressten Gemüt. Greif zu und entspann dich!

Die Zwiebel und die Schalotten getrennt schälen und grob würfeln. Das Öl in einem großen Topf erhitzen. Zuerst die Schalotten darin etwa 2 Minuten dünsten, dann die Gemüsezwiebel mit Kreuzkümmel und 1 Prise Salz dazugeben und etwa 3 Minuten glasig dünsten. Dabei ab und zu umrühren.

Das Sauerkraut auf den Zwiebeln verteilen, sodass sie vollständig davon bedeckt sind (dabei die Zwiebeln mit dem Sauerkraut *NICHT* mischen). Bei Bedarf 1 Schuss Wasser dazugeben, je nachdem wie viel Flüssigkeit aus den Zwiebeln ausgetreten ist. Alles zugedeckt bei niedriger Hitze mindestens 2 Stunden 30 Minuten dünsten, dabei nicht umrühren! Ab und zu testen, ob noch ausreichend Flüssigkeit im Topfboden ist, und bei Bedarf etwas Wasser nachgießen.

Inzwischen den Reis mit den Hatomugi in 260 ml Wasser nach Packungsanweisung weich garen. Anschließend die Petersilie waschen, hacken und mit dem Reis und 1 Prise Salz mischen.

Das Tempeh in etwa ½ cm dicke Scheiben schneiden. Das Öl in einer großen Pfanne erhitzen und die Tempeh-Scheiben darin auf beiden Seiten goldbraun anbraten. Herausnehmen und auf Küchenpapier abtropfen lassen. Sojasoße in ein flaches Schälchen gießen und die gebratenen Tempeh-Scheiben darin auf beiden Seiten marinieren.

5 Minuten vor Ende der Garzeit das Sauerkraut mit den Zwiebeln im Topf mischen, das Tempeh auf das Sauerkraut legen und alles noch etwa 5 Minuten köcheln lassen – ohne Umrühren. Dann mit dem Reis auf Tellern anrichten und mit etwas Petersilie bestreuen.

Hatomugi sind Wildgrassamen und haben ein leicht nussiges Aroma. Sie lösen Schlacken, binden alte eingelagerte tierische Fette und leiten sie aus dem Körper.

GUT ZU WISSEN

Die lang geschmorten Zwiebeln werden süß und stärken das Erdelement.

DER FREUDESTIFTER

WOKGEMÜSE MIT BUCHWEIZENSPAGHETTI

FÜR 2 PERSONEN

H F E M W

250 g Buchweizenspaghetti F
50 g Mandeln E
200 g Tofu W
2 EL Olivenöl E
2 EL Sojasoße W

1 große Möhre E
4 Radieschen M
1 Zwiebel M
2 Frühlingszwiebeln M
1 kleiner Brokkoli E
2 EL Sesamöl E
1 TL Kuzu E
2 EL Sojasoße W

Sesamöl E und Ume-Gewürz H W, nach Belieben
etwas Petersilie H oder Basilikum F, gehackt
etwas Schnittlauch M, gehackt

Stärke mit nur einem Gericht gleich alle Elemente. Lass deine Geschmacksknospen aufblühen, deine Kaumuskeln arbeiten und fühl dich rundum glücklich.

Die Nudeln nach Packungsanweisung weich garen, abgießen und beiseitestellen. Die Mandeln im Ganzen in einer Pfanne ohne Fett rösten, bis sie duften und aufknacken. Vom Herd nehmen und abkühlen lassen. Inzwischen den Tofu in Würfel schneiden und in einer Pfanne im Olivenöl von allen Seiten goldbraun anbraten. Mit Sojasoße ablöschen, kurz schwenken, dann aus der Pfanne nehmen und beiseitestellen.

Die Möhre schälen und in dünne Stifte schneiden. Radieschen waschen und in Scheiben schneiden. Die Zwiebel schälen und in Halbmonde schneiden. Die Frühlingszwiebeln putzen, waschen und in Ringe schneiden. Den Brokkoli waschen und in kleine Röschen zerteilen.

Das Sesamöl in einer großen Pfanne oder im Wok erhitzen und die Zwiebeln darin 2–3 Minuten anbraten. Dann das übrige Gemüse dazugeben und alles weitere 5 Minuten anbraten. Dabei sollte das Gemüse knackig bleiben und seine leuchtende Farbe behalten.

Kuzu in 2 EL kaltem Wasser auflösen, Sojasoße dazugeben und alles über das Gemüse gießen. Schnell umrühren, bis alles mit Kuzu benetzt ist und das Gemüse glänzt. Alles noch 2 Minuten dünsten, dabei ab und zu umrühren.

Zum Servieren Tofu, Nudeln und Gemüse in eine große Schüssel geben und mischen, nach Belieben mit Sesamöl und Ume-Gewürz abschmecken. Zuletzt noch die Mandeln und gehackte Kräuter darüber verteilen.

Werde kreativ!
Tausche das Gemüse gegen deine Lieblingssorten aus oder den Tofu gegen Seitan aus dem Glas.

Tipp!

FOR TAKE AWAY

Eignet sich super zum Mitnehmen – ob als Lunchpaket oder für die Sommerparty.

WO EIN WILLE, DA EIN STEAK

T-BONE-STEAK MIT SCHNITTBOHNEN UND POMMES

FÜR 2–3 PERSONEN

H F E M W

1 T-Bone Steak (1200 g)* E !

500 g festkochende Kartoffeln E
250 g Süßkartoffel E
1 Petersilienwurzel E
1,5 EL Olivenöl E
3 Zweige Rosmarin, gehackt F
4 Zweige Thymian F

300 g grüne und gelbe Schnittbohnen E
unraffiniertes Meersalz W

1 kleine Zwiebel M
1 EL Olivenöl E

etwas Sojasoße oder unraffiniertes Meersalz W
Pfeffer, frisch gemahlen, nach Belieben M !
etwas Olivenöl E

* Rindfleisch ist thermisch wärmend. Doch durch scharfes Anbraten und übermäßigem Verzehr wirkt es erhitzend.

Für mehr Durchsetzungskraft ist dieses Gericht perfekt. Bereits beim Essen wirst du merken, wie viel Power du bekommst. Dein Erdelement wird genährt und Yang aufgebaut. Bissen für Bissen.

Den Backofen auf 220 °C (Ober- und Unterhitze) vorheizen. Das Steak aus dem Kühlschrank nehmen und Zimmertemperatur annehmen lassen.

Die Kartoffeln, Süßkartoffel und Petersilienwurzel schälen, in gleich große Pommesstreifen schneiden und nebeneinander auf einem Backblech verteilen. Das Olivenöl, Rosmarin und Thymian dazugeben und alles gut durchmischen. Die Pommes im Ofen 30–40 Minuten backen, bis sie weich sind.

Inzwischen die Bohnen waschen und die Enden entfernen. In einem Topf reichlich Wasser mit 1 Prise Salz aufkochen und die Bohnen darin bei mittlerer Hitze etwa 20 Minuten weich köcheln. Dann abgießen und beiseitestellen.

Währenddessen die Zwiebel schälen und in sehr kleine Würfelchen schneiden. Das Öl in einer großen Pfanne erhitzen und das Steak darin auf beiden Seiten 5–8 Minuten anbraten – je nachdem, wie dick das Stück ist und wie durchgegart man es haben möchte.

Das Fleisch entlang des Knochens auslösen, schräg in Scheiben schneiden und auf Teller verteilen. Mit den gehackten Zwiebeln bestreuen und die Pommes danebensetzen, mit etwas Sojasoße oder Salz würzen, nach Belieben mit Pfeffer abschmecken. Die Bohnen mit 1 Schuss Olivenöl verfeinern und dazu reichen.

Tipp!

Fleisch wird bekömmlicher, wenn du es mit Meerrettich oder Pickles kombinierst.
> S. 144, 147

DEIN WARM-UP

GEFÜLLTER KÜRBIS MIT SEITAN, HIRSE UND TAHIN

FÜR 2 PERSONEN

H F E M W

70 g Hirse E
1 Zweig Rosmarin F

300 g Seitan aus dem Glas H
3 EL Olivenöl E
150 g Shiitake-Pilze E
150 g Champignons E
1 EL Mirin (Reiswein) M
1 EL Sojasoße W
3 Zweige Thymian, abgezupft F
1 mittelgroßer Hokkaido-Kürbis (ca. 1200 g) E

1 EL helles Tahin E
10–12 EL Gemüsefond H F E M W
> S. 77
oder Wasser
1 EL Olivenöl E
1 EL Sojasoße W
1 EL Ume-Gewürz H W
1 EL Kapern, in Olivenöl H
1 EL Öl E

etwas Schnittlauch, gehackt M

Puuh, ist das kalt da draußen! Wie gut, dass es Abhilfe gibt. Kaltfüßler, die einen gemütlichen Abend geplant haben, freuen sich sowie alle. Das Erdelement ist schon ganz heiß darauf. Was ist mit dir?

Den Backofen auf 200 °C (Ober- und Unterhitze) vorheizen. Die Hirse in einem Sieb heiß abbrausen und mit dem Rosmarin nach Packungsanweisung weich garen.

Inzwischen den Seitan waschen, trocken tupfen und in kleine Stücke schneiden. 2 EL Öl in einer Pfanne erhitzen und den Seitan darin etwa 5 Minuten von beiden Seiten goldbraun anbraten. Vom Herd nehmen und abkühlen lassen.

Die Pilze putzen, die Stiele entfernen, die Pilze in Scheiben schneiden und in einer weiteren Pfanne im restlichen Öl etwa 5 Minuten anbraten. Mirin und Sojasoße dazugeben, die Pilze schwenken und etwa 1 Minute braten. Dann Thymian und gebratenen Seitan unterheben.

Währenddessen den Kürbis waschen, der Länge nach halbieren und die Kerne entfernen. Die Hirse zum Seitan-Pilz-Mix gegeben und gut untermischen. Das Tahin in ein Schälchen geben und den Fond oder das Wasser in kleinen Portionen unterrühren, bis eine sämige Masse entstanden ist. Tahin-Fond, das Olivenöl, Sojasoße, Ume-Gewürz und Kapern zum Seitan-Hirse-Mix geben und alles gut mischen. Es sollte nicht zu trocken, aber auch nicht zu feucht sein.

Die Kürbishälften auf ein Backblech setzen und die Schale mit Öl einreiben, dann mit dem Mix füllen. Im Ofen etwa 45 Minuten garen, bis der Kürbis weich ist. Zum Servieren mit Schnittlauch bestreuen.

Perfekte Ergänzung dazu:
Grüner Salat wie Feldsalat, Endivien oder Postelein.

VOLLE POWER
FÜRS ERD-ELEMENT

KÖSTLICHES ROLLENSPIEL

SUMMER ROLLS MIT CASHEW-TAMARI-DIP

FÜR 3 PERSONEN

H F E M W

300 g Tofu W
1 rote Paprikaschote E
1 EL Olivenöl E
1 EL Sojasoße W
2 mittelgroße Möhren E
1 Avocado E
½ Mango E
70 g Radicchio F

NACH BELIEBEN:
12 Garnelen W oder
150 g Hähnchenbrustfilet H
Chilipulver M !
1 EL Olivenöl E

10 g Sprossen H
10 Minzblätter M
20 g Koriandergrün M
2–3 Stängel Petersilie H
8 Stängel Schnittlauch M
50 g Reisnudeln M
50 g Buchweizennudeln F

DIP:
50 g Cashewkerne E
12 EL Sojasoße W
5 EL Zitronensaft H
2 EL Agavendicksaft E
Chilipulver M ! oder Pfeffer, frisch gemahlen M !

12 runde Reispapierblätter (Ø 22 cm) M
1 Handvoll helle oder schwarze Sesamsamen E
etwas geröstetes Sesamöl E, nach Belieben

Für zu Hause oder zum Mitnehmen: Mit allen Konsistenzen, mit allen Elementen. Dein Körper bekommt, was er braucht, und deine Gelüste, was sie verlangen. So leicht, dass du hier nur vor dem Essen rollst.

Den Tofu in ½ cm dicke Streifen schneiden. Die Paprika halbieren, entkernen, waschen und in ½ cm dicke Streifen schneiden. Beides in einer Pfanne im Öl kross anbraten und mit Sojasoße ablöschen. Die Möhren, Avocado und Mango schälen und längs in ½ cm dünne Streifen schneiden. In einem kleinen Topf etwa 2 cm hoch Wasser zum Kochen bringen, die Möhren dazugeben und etwa 3 Minuten garen, bis sie weich, aber im Kern noch bissfest sind. Den Radicchio putzen, waschen, trocken tupfen und sehr fein hobeln.

Nach Belieben für die Fleisch- oder Fischliebhaber unter uns:
Garnelen waschen, trocken tupfen und mit etwas Chili in der Pfanne im Öl wenige Minuten scharf anbraten. Alternativ das Hähnchenbrustfilet waschen, trocken tupfen, in Streifen schneiden und wie die Garnelen anbraten, bis das Fleisch innen durchgegart und außen kross ist. (Nicht zu lange, sonst wird es zu trocken.)

Die Kräuter waschen, trocken tupfen, grob hacken und mischen. Beide Nudelsorten nach Packungsanweisung garen und beiseitestellen.

Für den Dip die Cashewkerne in einer Pfanne ohne Fett goldbraun rösten, abkühlen lassen und klein hacken. Sojasoße, Zitronensaft und Agavendicksaft in einem Schälchen verrühren und die Cashews dazugeben. Nach Belieben mit 1 Prise Chilipulver oder Pfeffer würzen.

ANLEITUNG FÜRS ROLLEN:
Jeweils 1 Reispapierblatt etwa 15 Sekunden in einer flachen Schale in Wasser aufweichen, bis es flexibel ist. Dann vorsichtig auf einen glatten Untergrund legen. Jeweils etwas Füllung, wie Tofu, Paprika, Möhren, Avocado, Mango, Radicchio und Nudeln, kompakt auf das untere Drittel des Papiers setzen, mit Sesam bestreuen und nach Belieben mit Sesamöl beträufeln. Die beiden äußeren Seiten des Papiers über die Füllung einschlagen, das untere Ende über die Füllung schlagen und das Papier eng aufrollen. Die Summer Rolls mit dem Dip servieren.

Tipp:
Nicht zu viel Füllung nehmen. Lieber mehrere kleine Röllchen machen, die dafür schön eng und kompakt gewickelt sind.

Tipp!

DEINE PERSÖNLICHE KOMBI

Kombiniere deine Lieblingszutaten dazu, die DIR guttun.

FÜREINANDER GEMACHT

ROTE-BETE-RISOTTO MIT THUNFISCHSTEAK

FÜR 3–4 PERSONEN

H F E M W

4 mittelgroße Rote Beten F
800 ml Gemüsefond H F E M W > S. 77
½ Zwiebel M
1 EL Olivenöl E
1 Knoblauchzehe M !
300 g Risotto-Reis M
300 ml trockener Weißwein H
unraffiniertes Meersalz W
1 Stück frischer Meerrettich (ca. 4 cm) M

10 Shiitake-Pilze E
2 Zweige Rosmarin F
2 Zweige Thymian F
3 EL Kapern H
Zimtpulver M

4 Thunfischsteaks (à 150 g) W
3 EL Olivenöl E
4 Zweige Thymian F
etwas Rucola F
1 EL Ume-Gewürz H W
½ EL Reisessig H

Meerrettich, gerieben M
etwas Schnittlauch, gehackt M
1 unbehandelte Zitrone H

Was uns am Herzen liegt:
Bitte achte beim Einkauf darauf, dass der Fisch aus nachhaltigem Fischfang stammt.

Lass dein Qi fließen – mit der perfekten Kombi aus Roter Bete und Meerrettich. Ein Geschmackserlebnis, das gleichzeitig auch noch für mächtig Energie sorgt.

Die Roten Beten waschen, nicht schälen und zugedeckt in reichlich Wasser etwa 1 Stunde weich garen. Etwas abkühlen lassen, dann schälen und würfeln. Inzwischen den Fond erhitzen und beiseitestellen.

Die Zwiebel schälen. Das Öl in eine Pfanne geben und Zwiebel und Knoblauch (mit Schale, zerdrückt!) darin 2–3 Minuten anbraten. Knoblauch wieder entfernen, den Reis dazugeben und 2 Minuten anrösten. Wein dazugießen und etwa 5 Minuten einkochen lassen. Mit 100 ml Fond aufgießen. Mit 1 Prise Salz würzen und eine 2 cm dicke Scheibe Meerrettich hinzufügen. Alles zugedeckt 8–10 Minuten köcheln lassen. Dabei, sobald die Flüssigkeit aufgesogen ist, immer wieder 1 Kelle Fond nachgießen (etwa alle 2 Minuten), und regelmäßig umrühren.

Die Pilze putzen, dabei die Stiele entfernen, würfeln und zum Risotto geben, mit 1–2 Kellen Fond aufgießen und zugedeckt weitere 10 Minuten köcheln lassen. Nach etwa 10 Minuten die Roten Beten, restlichen geriebenen Meerrettich, Rosmarin, Thymian, Kapern und 1 kleine Prise Zimt hinzufügen. Alles gut verrühren, bei Bedarf noch etwas Fond hinzufügen und das Risotto zugedeckt noch etwa 10 Minuten köcheln, bis der Reis weich ist. Bei Bedarf zwischendurch noch Fond nachgießen.

Den Fisch kalt waschen und trocken tupfen. 1 EL Öl in einer großen Pfanne erhitzen, den Thymian dazugeben und den Thunfisch darin auf jeder Seite 2–5 Minuten anbraten. Rucola waschen, verlesen und trocken tupfen. Übriges Olivenöl, Ume-Gewürz und Reisessig gut verrühren und über den Rucola gießen.

Zum Servieren das Risotto mit etwas geriebenem Meerrettich und Schnittlauch bestreuen und mit etwas Olivenöl beträufeln. Den Thunfisch mit Zitronenspalten belegen und mit dem Rucolasalat servieren.

Tipp!

MACH'S VEGAN

Statt Thunfisch passt auch Seitan aus dem Glas wunderbar zum Risotto.

FÜR AUFGEWECKTE

BLUMENKOHL-BROKKOLI-PIZZA MIT BLATTSPINAT UND KIRSCHTOMATEN

FÜR 3–4 PERSONEN

H F E M W

300 g junger Blattspinat E
etwas Thymian F
unraffiniertes Meersalz W
Pfeffer, frisch gemahlen M !
10 Basilikumblätter F
10 EL Olivenöl E

1 großer Blumenkohl E
½ kleiner Brokkoli E
Thymian F
getrockneter Oregano M
1 Messerspitze Zimtpulver M
2 EL helles Mandelmus E
200 g Cashewkerne, gehackt E
100 g Mandeln, gemahlen E
2 Eier E
3 EL Parmesan, gerieben W
1 Eigelb E

1 rote Zwiebel M
Olivenöl E
250 g Kirschtomaten H
etwa 50 g Tomatenmark H E
500 g passierte Tomaten H
etwas Thymian F
unraffiniertes Meersalz W
Pfeffer, frisch gemahlen M !
1 Schuss Agavendicksaft E
100 g Parmesan, gerieben W
125 g Büffelmozzarella, gewürfelt E
50 g Pinienkerne E
etwas Parmesan, gehobelt W

Gönn dir Pizza, ohne ein träges Gefühl danach. Der Veggie-Teig mit Gemüse und Nüssen gibt dir Energie und Elan. Buon appetito!

Den Spinat gut waschen, verlesen und in wenig Wasser 1–2 Minuten kochen. Danach abschöpfen und in einer Schüssel mit Eiswasser kalt abschrecken. In einem Sieb abtropfen lassen, in eine weitere Schüssel geben und mit Thymian, 1 Prise Salz und Pfeffer würzen.

Den Backofen auf 220 °C (Ober- und Unterhitze) vorheizen. Ein Backblech mit Backpapier auslegen. Basilikumblätter klein hacken und in ein Einmachglas mit 10 EL Olivenöl geben. Verschlossen beiseitestellen.

Blumenkohl und Brokkoli putzen, waschen und auf der Gemüsereibe klein raspeln. Alles in einem Geschirrtuch nach und nach kräftig ausdrücken. (Je stärker du presst, umso krosser und fester wird der Pizzaboden.) Die Masse auf dem Backblech gleichmäßig verteilen und im Ofen etwa 8 Minuten garen.

Inzwischen die Zwiebel schälen, in Ringe schneiden und in einer Pfanne in etwas Öl anbraten. Die Kirschtomaten waschen, halbieren und kurz dazugeben. Beiseitestellen.

Die Kohlraspel aus dem Ofen nehmen (den Ofen nicht ausschalten!) und in einer großen Schüssel auflockern, sodass die Wärme austreten kann. Mit Thymian, Oregano und Zimt würzen. Mandelmus, Cashewkerne und Mandeln unterheben. Zuletzt Eier und Parmesan verquirlen und unterheben, dann alles zu einem groben Teig verkneten. Den Teig auf dem Backblech gleichmäßig verteilen, mit dem Eigelb bestreichen und im Ofen noch etwa 6 Minuten vorbacken.

Das Tomatenmark in einem Topf mit etwas Öl kurz anbraten und die passierten Tomaten hinzufügen. Mit Thymian, Salz und Pfeffer würzen und mit Agavendicksaft abschmecken.

Den Pizzaboden aus dem Ofen nehmen (den Ofen nicht ausschalten!), mit der Tomatensoße bestreichen und mit Parmesan und Mozzarella bestreuen. Spinat, Zwiebel und Kirschtomaten darauf verteilen, mit Pinienkernen bestreuen und mit etwas Olivenöl beträufeln.

Die Pizza im Ofen etwa 20 Minuten backen. Zum Servieren mit dem Parmesan bestreuen und mit dem Basilikum-Öl beträufeln.

Tipp!

Wähle deinen ganz eigenen Belag mit Zutaten, die DIR guttun.

BLACK IS BEAUTIFUL

SCHWARZE BOHNEN MIT COUSCOUS UND GEMÜSE-TEMPURA

FÜR 4 PERSONEN

H F E M W

360 g getrocknete schwarze Bohnen W
1 Kombu-Alge, nach Belieben W
4 EL Sojasoße W
2 EL Reismalz E
4 EL Reisessig H
3 TL Kuzu E

1 l Olivenöl zum Frittieren E
100 g Mehl (Type 405)
5 EL Pfeilwurzelmehl E
unraffiniertes Meersalz W
3 Möhren E
12 Brokkoliröschen E

100 g Couscous H

30 ml Sojasoße W
etwas Koriandergrün M oder Petersilie H, nach Belieben

„Wahre Schönheit kommt von innen" – und sie kommt mit schwarzen Bohnen. Denn sie haben eine stark reinigende Wirkung und unterstützen unsere Nierenkraft, die Basis für alle anderen Elemente ist.

Die Bohnen 12 Stunden oder über Nacht – nach Belieben mit der Kombu-Alge – in kaltem Wasser einweichen.

Am nächsten Tag das Einweichwasser abgießen. Die Bohnen und die Alge in einem Topf mit 1,2 l Wasser *OHNE SALZ* aufkochen lassen. Den Schaum abschöpfen, die Hitze reduzieren und die Bohnen zugedeckt etwa 1 Stunde 30 Minuten köcheln lassen, bis sie weich sind. Am Ende sollte noch ein wenig Flüssigkeit im Topf zurückbleiben. Sojasoße, Reismalz und Reisessig hinzufügen. Kuzu in 5 TL kaltem Wasser auflösen und unter Rühren zu den köchelnden Bohnen gießen, bis eine sämige Flüssigkeit entstanden ist.

Für das Tempura-Gemüse das Öl in einem mittelgroßen Topf erhitzen. Mehl, Pfeilwurzelmehl und 1 Prise Salz in einem Schälchen mit etwas kaltem Wasser zu einem geschmeidigen Tempura-Teig verrühren. Die Konsistenz soll ähnlich sein wie die von Pfannkuchenteig.

Die Möhren schälen und in 1 cm dicke Stifte schneiden. Den Brokkoli waschen. Möhren und Brokkoliröschen nach und nach durch den Tempura-Teig ziehen und im Öl etwa 4 Minuten frittieren, bis sie goldbraun sind und sich beim Daraufklopfen dumpf anhören.

Inzwischen den Couscous nach Packungsanweisung zubereiten.
Für den Dip die Sojasoße mit 90 ml warmem Wasser mischen.

Zum Servieren Bohnen, Gemüse-Tempura und Couscous auf Tellern anrichten und nach Belieben mit Koriander oder Petersilie bestreuen.

Tipp!

Mit einer Kombu-Alge werden die Bohnen bekömmlicher und dein Wasserelement wird noch mehr gestärkt.

DEIN ZAUBERTRANK

MISO-SUPPE MIT TOFU UND BUCHWEIZENNUDELN

FÜR 2–3 PERSONEN

H F E M W

1 Handvoll Sonnenblumenkerne E

1 Zwiebel M
1 Stange Lauch M
3 Möhren E
1 große Petersilienwurzel E
280 g Shiitake-Pilze oder Champignons E
½ Kohlrabi E
3 EL Olivenöl E
etwa 1,2 l Gemüsefond H F E M W > *S. 77*
oder Wasser W
2 TL Gersten-Miso W
1 TL Umeboshi-Paste W H
250 g Buchweizennudeln F
250 g Tofu W
2 Zweige Rosmarin F
4 Zweige Thymian F
1–2 EL frisch gepresster Zitronensaft H

2 Nori-Blätter W
etwas Dill M

Jetzt kommt unser ultimatives Superfood-Ensemble. Die Miso-Suppe, die alles in sich hat, und dich und deine Elemente pusht. Ein reiner Körper, eine Top-Ausstrahlung und – Power satt.

Die Sonnenblumenkerne in einer Pfanne ohne Fett goldbraun rösten, bis sie duften, und beiseitestellen.

Die Zwiebel schälen und fein hacken. Den Lauch putzen, waschen und schräg in Scheiben schneiden. Möhren und Petersilienwurzel schälen und in Scheiben schneiden. Die Pilze putzen (von den Shiitake die Stiele entfernen) und in Scheiben schneiden. Kohlrabi schälen und würfeln.

In einem großen Topf 2 EL Olivenöl erhitzen und die Zwiebel darin bei mittlerer Hitze glasig dünsten. Das übrige Gemüse dazugeben und unter Rühren kurz anbraten. Mit 2 Kellen Gemüsefond (oder Wasser) ablöschen und alles zugedeckt bei niedriger Hitze 10 Minuten dünsten.

Dann erneut mit 3 Kellen Fond (oder Wasser) aufgießen und nochmals zugedeckt 10 Minuten dünsten. Den restlichen Fond dazugeben, einmal aufkochen lassen und vom Herd nehmen. Miso- und Umeboshi-Paste in einem Schälchen mit etwas Suppenfond glatt rühren und unter die leicht abgekühlte Suppe rühren.

Inzwischen die Nudeln nach Packungsanweisung weich garen. Den Tofu in Würfel schneiden, in einer Pfanne im übrigen Öl mit Rosmarin und Thymian goldbraun anbraten. Zuletzt mit Zitronensaft beträufeln.

Zum Servieren Nudeln, Tofu und gezupfte Nori-Stückchen auf Suppenteller verteilen und mit der Suppe übergießen. Zuletzt mit Dill und Sonnenblumenkernen bestreuen.

Umeboshi-Paste:
Hergestellt aus der Umeboshi-Aprikose (auch Ume-Pflaume genannt) aus Japan. Sie hat einen intensiven salzig-sauren Geschmack mit vielen positiven Eigenschaften: basenbildend, verdauungsunterstützend, blutdrucksenkend und entgiftend. Ein Nebenprodukt der Pastenherstellung ist das Ume-Gewürz – es schmeckt salzig-sauer und erfrischt das Holzelement.

Tipp!

JE ÖFTER, DESTO BESSER

Lass dir die Suppe auch mal zum Frühstück schmecken. Tofu und Nudeln sind nicht zwingend ein Muss.

EINFACH FIT

KARTOFFELSALAT MIT KAPERN UND MATJES

FÜR 4 PERSONEN

H F E M W

1 kg festkochende Kartoffeln E
100 g Buchweizen F
1 EL Olivenöl E
10 Radieschen M
etwas Schnittlauch M
4 EL Kapern, in Öl eingelegt H
20 g Basilikum F

6 El Olivenöl E
4 El Reisessig H
2 EL Ume-Gewürz H W

1 Handvoll Rettichsprossen M
8 Matjes-Doppelfilets W

Hol dir die Stärkung für dein Wasserelement und lass es dir so richtig schmecken. Dieser Salat macht satt, gibt Kraft und belastet nicht. Unser Geheimrezept bei Erschöpfung.

Die Kartoffeln mit Schale in wenig Wasser etwa 20 Minuten weich garen. Etwas abkühlen lassen, pellen und in Scheiben schneiden.

Den Buchweizen mit 210 ml Wasser aufkochen. Dann zugedeckt bei mittlerer Stufe 30 Minuten köcheln, bis das Wasser vollständig aufgenommen wurde und die Körner weich sind.

Inzwischen die Radieschen waschen und in dünne Scheiben schneiden. Den Schnittlauch waschen und in feine Röllchen schneiden. Die Kartoffeln mit Buchweizen, Radieschen, Kapern, Schnittlauch und Basilikum in einer Salatschüssel vorsichtig mischen.

Für das Dressing Olivenöl, Reisessig und Ume-Gewürz verquirlen und über die Salatzutaten gießen. Alles mischen und zugedeckt mindestens 30 Minuten ziehen lassen.

Zum Servieren die Sprossen waschen, trocken tupfen und über den Kartoffelsalat streuen, die Matjefilets dazulegen.

Die perfekte Kombi:
Dazu empfehlen wir ein Glas Weißwein.

Tipp!

VEGANE VARIANTE

Gebratene Tofuwürfel zum Salat geben. Ideal für unterwegs oder für die Party.

BEILAGEN

Dabei sein ist alles.
Schau nach, welche Beilagen perfekt zu deinem 5-Elemente-Teller passen und lass es dir schmecken.

DIE TECHNIK MACHT'S

Jedem Element sind Kochtechniken zugeordnet, die es stärken. Der Long Cook unterstützt die Erde, wärmt nachhaltig und sorgt für Süße. Dank Short Cook bleibt das Gemüse knackig und behält seine leuchtende Farbe – ideal für das Holzelement.

FÜR 2–3 PERSONEN

H F E M W

- 400 g Zwiebeln M
- 2 EL Olivenöl E
- 1 Messerspitze Kümmel, gemahlen M
- unraffiniertes Meersalz W
- 600 g Möhren E
- 1 Zweig Rosmarin F
- ½ Zitrone H
- etwas Sojasoße W

LONG COOK MIT MÖHREN

Die Zwiebeln schälen und in Halbmonde schneiden. Das Olivenöl in einem mittelgroßen Topf (am besten aus Gusseisen) erhitzen und die Zwiebelschnitze darin 3 Minuten glasig dünsten. Mit Kümmel und 1 Prise Salz würzen.

Die Möhren schälen, in Scheiben schneiden und mit dem Rosmarin auf die Zwiebeln legen. 1 Schuss Wasser dazugießen und alles zugedeckt bei niedriger bis mittlerer Hitze 40–60 Minuten leicht köcheln lassen, je nach Dicke der Möhrenscheiben (OHNE umzurühren!). Dabei ab und zu prüfen, ob ausreichend Flüssigkeit vorhanden ist und bei Bedarf 1 Schuss Wasser hinzufügen. Zuletzt alles vorsichtig umrühren und mit ein paar Spritzern Zitronensaft und Sojasoße abschmecken.

Wie die Möhren kannst du auch jedes andere Wurzelgemüse zubereiten.

FÜR 2 PERSONEN

H F E M W

- 3 große Möhren E

SHORT COOK MIT MÖHREN

Die Möhren schälen, der Länge nach vierteln und in Stifte schneiden. Etwa 2 cm hoch Wasser in einen mittelgroßen Topf füllen, die Möhren dazugeben und alles aufkochen. Dann zugedeckt etwa 2 Minuten dünsten, bis die Möhren gar, aber noch knackig sind.

FÜR 2 PERSONEN

H F E M W

- 1 Brokkoli E

SHORT COOK MIT BROKKOLI

Den Brokkoli waschen und in Röschen zerteilen. Etwa 2 cm hoch Wasser in einem mittelgroßen Topf erhitzen und den Brokkoli darin zugedeckt etwa 2 Minuten dünsten. Dann das Wasser abgießen.

Diese Technik eignet sich für viele Gemüsesorten. Probier's mal aus!

SCHÖNEN FEIERABEND

OFENGEMÜSE MIT WEINTRAUBEN UND KERNEN

FÜR 3 PERSONEN

H F E M W

Wurzelgemüse nach Wahl:
6 kleine Möhren E
2 Petersilienwurzeln E
1 Rote Bete F
2 Schwarzwurzeln E
½ kleiner Hokkaido-Kürbis E
3 große Zwiebeln M
6 Zweige Thymian F
2 Zweige Rosmarin F
4 Salbeiblätter F

4 EL Olivenöl E
1 EL Sojasoße W
1 EL Mirin (Reiswein) M

250 g Weintrauben E
Kürbiskerne E und Sonnenblumenkerne E, nach Belieben

Dein Aufheizer zum Runterkommen. Fruchtig, knusprig, süßlich – alles ist dabei und überzeugt auch Gemüsemuffel.

Den Backofen auf 200 °C (Ober- und Unterhitze) vorheizen.

Die Möhren waschen. Die Petersilienwurzeln und die Rote Bete schälen und in große Stücke schneiden. Den Kürbis waschen, halbieren, entkernen und in Spalten schneiden. Die Zwiebeln schälen und achteln. Das Gemüse auf einem Backblech verteilen und die Kräuter darüberlegen.

Olivenöl, Sojasoße und Mirin mischen und über das Gemüse gießen. Alles gut miteinander mischen, sodass alles mit Öl benetzt ist. Zuletzt die Weintrauben darauflegen und nach Belieben Kürbis- und Sonnenblumenkerne darüberstreuen. Das Gemüse im Ofen etwa 45 Minuten backen, bis es weich ist. Herausnehmen und sofort servieren.

Kombiniert mit Reis, gebratenem Tofu oder Seitan aus dem Glas wird das Ofengemüse zum vollständigen Gericht.

Tipp!

KÖSTLICH KOMBINIEREN

Wie wär's mit einem der leckeren Dips? > *S. 100*

UNSERE STIMMUNGSMACHER

Dips gehen immer und sind vielfältig einsetzbar. Diese hier machen auch noch gute Laune.

MEERRETTICH-DIP

FÜR 2 PERSONEN

H F E M W

200 g Sojasahne E W
2–4 EL Reisessig H
1 gute Prise unraffiniertes Meersalz W
50 g frischer Meerrettich M

Die Sojasahne in eine Schüssel geben und nach und nach den Reisessig in kleinen Portionen so lange unterrühren, bis die Sojasahne etwas eindickt. Dabei sehr langsam und vorsichtig rühren, damit der gewünschte Effekt eintritt. Mit Salz würzen. Den Meerrettich schälen, fein reiben und in der gewünschten Menge hinzufügen.

ROTE-BETE-KETCHUP

FÜR 1 GLAS, 400 G

H F E M W

300 g Rote Bete F
1 Zwiebel M
2 EL Olivenöl E
115 ml Reisessig H
50 g Kokosblütenzucker E
¼ TL unraffiniertes Meersalz W
Pfeffer, frisch gemahlen, nach Belieben M !
Koriandersamen, gemahlen M
Kümmel, gemahlen M
Zimtpulver M
1 TL Kuzu, nach Belieben E

Die Roten Beten waschen, nicht schälen und zugedeckt in reichlich Wasser etwa 1 Stunde weich garen. Etwas abkühlen lassen, dann schälen und in Würfel schneiden.

Inzwischen die Zwiebel schälen, fein hacken und in einem großen Topf im Olivenöl glasig braten. Rote Beten, Reisessig und Zucker dazugeben. Alles einmal kurz aufkochen, dann zugedeckt bei mittlerer Hitze etwa 25 Minuten köcheln.

Den Topf vom Herd nehmen. Alles fein pürieren und mit Salz, nach Belieben mit Pfeffer und je 1 Prise Koriander, Kümmel und Zimt würzen.

Nach Belieben das Kuzu in einem Schälchen in 2 TL kaltem Wasser auflösen und in die Rote-Bete-Masse einrühren. Kurz aufkochen lassen, bis es ein wenig eindickt, dann vom Herd nehmen.

AUFTISCHEN UND AUFFRISCHEN

Mit diesen Beilagen erfrischst du dein Holzelement. Ein idealer Ausgleich, wenn du ein deftiges oder fettiges Gericht zubereitest.

CHINAKOHLSALAT MIT ROTER PAPRIKA

FÜR 2–3 PERSONEN

H F E M W

250 g Chinakohl H
150 g rote Paprikaschote E

3 EL Reisessig H
1 EL Ume-Gewürz H W
2 EL Olivenöl E
½ Bund Petersilie, gehackt H

Den Chinakohl waschen, trocken schleudern und in feine Streifen schneiden. Die Paprikaschote halbieren, entkernen, waschen und in kleine Würfel schneiden.

Für das Dressing Essig, Ume-Gewürz, Olivenöl und Petersilie in einem kleinen Schälchen gut mischen. Den Chinakohl und die Paprika in eine Salatschüssel geben und das Dressing darübergießen. Alles gut mischen und zugedeckt mindestens 10 Minuten ziehen lassen.

APFEL-MÖHREN-SAUERKRAUT-SALAT

FÜR 2 PERSONEN

H F E M W

2 Möhren E
2 süßsaure Äpfel E H
140 g frisches Sauerkraut H
½ frisch gepresster Zitronensaft H
½ TL Reismalz E
1 EL frisch gepresster Orangensaft H
2 EL Olivenöl E
unraffiniertes Meersalz W
etwas schwarze Sesamsamen E
etwas Koriandergrün, gehackt M

Die Möhren schälen und auf der Gemüsereibe fein raspeln. Die Äpfel waschen und grob raspeln. Die Flüssigkeit aus dem Sauerkraut mit den Händen pressen. Möhren, Äpfel, Sauerkraut und Zitronensaft in eine Schüssel geben.

Für das Dressing Zitronensaft, Reismalz, Orangensaft, Olivenöl und 1 Prise Salz gut mischen und über die Apfel-Möhren-Sauerkraut-Mischung gießen. Alles gut mischen und im Kühlschrank zugedeckt 30 Minuten durchziehen lassen.

Zum Servieren den Salat mit schwarzem Sesam verfeinern und mit Koriander bestreuen.

DIE GEWISSEN EXTRAS

Gib deinen Mahlzeiten den besonderen Pfiff und kurble deine Verdauung an. Diese eingelegten Köstlichkeiten sorgen zudem für ein säuerlich-frisches Geschmackserlebnis.

DILLGURKEN

FÜR 4–6 PERSONEN

H F E M W

- 2 EL unraffiniertes Meersalz W
- 1 kg Gurken (Bauerngurken) E
- 1 Stange frischer Meerrettich M
- 5 Stängel Dill M
- 5 Lorbeerblätter F
- 2 Knoblauchzehen M !

In einem Topf 1 l Wasser mit dem Salz aufkochen und dann abkühlen lassen. Währenddessen die Gurken waschen. Den Meerrettich schälen und in grobe Scheiben schneiden. Den Knoblauch schälen und vierteln.

Gurken und Gewürze in einen Tontopf oder Einmachgläser schichten: Zuerst etwas Dill, 1 Lorbeerblatt, Knoblauch, Meerrettich und dann Gurken darauflegen. Darüber wieder die Kräuter und wieder Gurken schichten – so fortfahren, bis der Topf voll ist.

Alles mit dem abgekühlten Salzwasser übergießen. Mit einem passenden Teller abdecken und beschweren, damit die Gurken unter Wasser bleiben. Mit einem Tuch abdecken und bei kühler Zimmertemperatur 1 Woche ziehen lassen.

Die Gurken werden mit der Zeit glasig, das Wasser wird dabei milchig. Es bildet sich ein weißlicher Belag, das ist ganz normal – einfach die Gurken abspülen. Dann schmecken sie erst richtig gut.

ROTKOHL-APFEL-PICKLES

FÜR CA. 15 PORTIONEN

H F E M W

- 200 g Rotkohl E
- 2 süßsaure Äpfel E H
- 250 ml Apfelsaft E H
- 100 ml Reisessig H
- ½ TL unraffiniertes Meersalz W

VARIANTE ROTE-BETE-RADIESCHEN-APFEL:

statt Rotkohl und Äpfel:

- 200 g Rote Bete F, roh, in dünne halbe Scheiben geschnitten
- 1 süßsaurer Apfel E H
- 3 Radieschen, in Scheiben M

Den Rotkohl waschen und in dünne feine Streifen schneiden, bei Bedarf den Strunk entfernen. Die Äpfel vierteln, entkernen und in dünne Spalten schneiden. Beides in eine hitzebeständige Schüssel geben.

Apfelsaft und Reisessig in einem Topf aufkochen und das Salz dazugeben. Die kochende Flüssigkeit über den Rotkohl gießen und gut untermischen. Erst offen abkühlen lassen. Dann die Pickles zugedeckt mehrere Tage im Kühlschrank ziehen lassen. Nach 3–7 Tage sind die Pickles milchsauer vergoren.

In einem sauberen Gefäß und kühl halten sich die Pickles bis 6 Monate.

Bei der Roten-Bete-Variante kannst du genauso mit den Zutaten verfahren wie bei der Rotkohl-Apfel-Version.

BITTE MEER DAVON

HIJIKI-SALAT MIT MÖHREN UND SHIITAKE

FÜR 2 PERSONEN

H F E M W

30 g Hijiki-Algen W
1 Zwiebel M
1 Möhre E
120 g Shiitake-Pilze E
2 EL Sesamöl E
5 EL Tamari W
etwas helle Sesamsamen E
etwas Petersilie, gehackt H

Hol dir einen besonderen Meeresschatz auf den Teller und stärke dein Wasserelement. Algen helfen, Schadstoffe auszuscheiden. Shiitake und Sojasoße unterstützen zusätzlich beim Aufräumen.

Die Algen in kaltem Wasser 1 Stunde einweichen. Anschließend das Wasser abgießen, die Algen kurz abspülen und in frischem Wasser 20 Minuten weich garen. Das Wasser wieder abgießen und die Algen abtropfen lassen.

Inzwischen die Zwiebel schälen und fein hacken. Die Möhre schälen und in feine Stifte schneiden. Die Pilze putzen, dabei die Stiele entfernen, und in Scheiben schneiden. Das Öl in einem Topf erhitzen und die Zwiebel darin andünsten. Möhre und Pilze dazugeben und kurz anbraten, dabei gut umrühren, bis alles mit Öl benetzt ist. Mit 1 Schuss Wasser ablöschen und alles zugedeckt bei niedriger Hitze etwa 5 Minuten dünsten.

Sobald die Möhrenstifte halbgar sind, Algen und Tamari dazugeben, gut umrühren und alles noch 15 Minuten dünsten. Zum Servieren mit Sesam und Petersilie bestreuen.

Hijiki- oder Kombu-Algen – Yin-Power aus dem Meer
Algen bauen gutes Yin und Körpersäfte auf. Sie sind sehr mineralienreich, unterstützen das Immunsystem, stärken das Wasserelement, binden Schadstoffe und leiten sie aus dem Körper.

ALGEN

bauen gutes Yin und Körpersäfte auf.

SÜSSE SPEISEN

Süßes geht immer. Wie das geht, wenn du dich nach den 5 Elementen ernährst, erfährst du hier.

DER EVERGREEN AUS DEM OFEN

BRATAPFEL MIT „MARZIPAN"-FÜLLUNG

FÜR 2 PERSONEN

H F E M W

2 große süßsaure Äpfel (z.B. Boskop) E H
50 g Reismalz E
50 g helles oder dunkles Mandelmus E
1 Handvoll Sonnenblumenkerne E
unraffiniertes Meersalz W

Dieses Bratapfelrezept schmeckt nicht nur zur Weihnachtszeit. Unsere Version mit Mandelmus und Reismalz sorgt für Genuss ohne Reue. Kaltfüßler und süße Zähne werden sich besonders freuen.

Den Backofen auf 200 °C (Ober- und Unterhitze) vorheizen. Ein Backblech mit Backpapier auslegen. Die Äpfel waschen und nur das Kerngehäuse ausstechen, sodass der Apfel ganz bleibt und ein Loch zum Füllen entsteht.

Reismalz, Mandelmus, 1 Prise Salz und Sonnenblumenkerne gut mischen, bis eine zähe marzipanähnliche Masse entstanden ist. Die Masse so weit in die Äpfel füllen, bis sie oben herausquillt. Einige Sonnenblumenkerne oben andrücken. Die Äpfel auf das Backblech setzen und im Ofen 25–30 Minuten backen, bis sie anfangen aufzuplatzen.

SOSSE:
300 ml Kokosmilch aus der Dose E
2 EL Reismalz E
1 EL helles Mandelmus E
½ TL Vanille, gemahlen E
unraffiniertes Meersalz W
2–3 TL Kuzu E

VANILLESOSSE – DAS I-TÜPFELCHEN

Kokosmilch, Reismalz, Mandelmus, Vanille und 1 Prise Salz in einem Topf erhitzen. Alles gut verrühren und kurz aufkochen lassen.

Zum Andicken das Kuzu in 4 TL kaltem Wasser auflösen. Den Topf vom Herd nehmen, das Kuzu unter Rühren hinzufügen und alles nochmals kurz aufkochen lassen. Die Soße noch warm über die Äpfel gießen.

FUTTER FÜR DEN FRESS-FLASH

CAROB-PUDDING MIT SESAM-KARAMELL

FÜR 2 PERSONEN

H F E M W

2 EL Reismalz E
30 g helle Sesamsamen E

300 ml Reismilch E M
1 EL Reismalz E
3 EL Carobpulver E
1 EL dunkles Mandelmus E
1 EL helles Mandelmus E
unraffiniertes Meersalz W
4 TL Kuzu E

Diesen Pudding darfst du nicht verpassen. Vegan, bekömmlich und köstlich macht er Körper und Geist glücklich. Dank genialer Zutaten wird er zum Superfood mit Knuspereffekt.

Den Backofen auf 180 °C (Ober- und Unterhitze) vorheizen. Ein Backblech mit Backpapier auslegen.

Für den Sesam-Karamell das Reismalz in einem Topf erwärmen. Die Sesamsamen dazugeben und gut untermischen. Die Masse auf dem Backblech gleichmäßig dünn verteilen und im Ofen etwa 10 Minuten backen. Danach herausnehmen und abkühlen lassen. Am Ende sollte es eine dünne krosse Fläche ergeben, die sich leicht brechen lässt.

Für den Pudding die Reismilch mit Reismalz, Carobpulver, beiden Mandelmussorten und 1 Prise Salz in einem Topf erhitzen. Alles gut verrühren, bis sich die Zutaten vollständig aufgelöst haben, und einmal aufkochen lassen.

Zum Andicken das Kuzu in 2 EL kaltem Wasser auflösen. Den Topf vom Herd nehmen, das Kuzu unter Rühren zur Carobmilch hinzufügen und alles nochmals kurz aufkochen lassen, bis der Pudding eindickt. Dann sofort vom Herd nehmen.

Zum Servieren den heißen Pudding in Schälchen verteilen und einige gebrochene Stücke Sesam-Karamell darauflegen.

GUT ZU WISSEN

Carob schmeckt ähnlich wie Kakao, wirkt aber nicht so erhitzend.

OH LÀ LÀ – DIE SÜSSE ERFRISCHUNG

CRÊPES AU CITRON MIT ZITRONENCRÈME UND MINZE

FÜR 2–3 PERSONEN

H F E M W

50 g Buchweizenmehl F
50 g Reismehl M
1 TL Guarkernmehl
(ersatzweise 100 g glutenfreie Mehlmischung E M)
40 g Kokosblütenzucker E
unraffiniertes Meersalz W
2 Eier E
1 Spritzer Olivenöl E
100 ml Sojamilch E W
100 ml kaltes Sprudelwasser W
2 TL abgeriebene unbehandelte Zitronenschale F
etwas Butter zum Ausbacken E

200 ml Kokosmilch aus der Dose E
1 TL Reismalz E
3–5 EL frisch gepresster Zitronensaft H
1 EL helles Mandelmus E
unraffiniertes Meersalz W
2 TL Kuzu E

½ Zitrone H
6 Minzblätter, gehackt M

Sauer macht lustig. Süß macht glücklich. Mit dieser leichten und erfrischenden Crêpe-Variante kommst du in Stimmung.

Für die Crêpes das Buchweizen- und Reismehl mit Guarkernmehl, Zucker und 1 Prise Salz mischen. Die Eier mit Olivenöl in einer Schüssel verquirlen. Die Mehlmischung nach und nach mit Sojamilch und Sprudelwasser hinzufügen, sodass eine leicht zähflüssige Konsistenz entsteht und der Teig leicht vom Löffel fließt. Zuletzt die Zitronenschale unterrühren. Den Teig zugedeckt etwa 30 Minuten quellen lassen.

Eine beschichtete Pfanne erhitzen und mit etwas Butter einfetten. Jeweils etwas Teig mittig in die Pfanne gießen und mit einem Crêpe-Verteiler von innen nach außen kreisförmig glatt streichen, bis ein dünner Crêpe entstanden ist. Sobald der Teig Bläschen schlägt und anfängt sich zu lösen, wenden und nochmals etwa 2 Minuten backen, bis er eine goldbraune Farbe erreicht hat. Auf diese Weise aus dem Teig nach und nach Crêpes backen und warm halten.

Für die Zitronencrème die Kokosmilch in einem Topf erhitzen. Reismalz, Zitronensaft, Mandelmus und 1 Prise Salz dazugeben und alles aufkochen. Mit einem Schneebesen gut umrühren, damit sich alles auflöst. Das Kuzu in 1 EL kaltem Wasser auflösen. Den Topf vom Herd nehmen, das Kuzu unter Rühren zur Kokosmilch hinzufügen und alles nochmals kurz aufkochen lassen, bis es ein wenig eindickt. Dann sofort vom Herd nehmen.

Jeweils 1 warmen Crêpe auf einer Seite mit etwas Zitronencrème bestreichen und zu einem Dreieck zusammenklappen. Mit einigen Spritzern Zitronensaft beträufeln und mit den Minzblättern bestreuen.

GUT ZU WISSEN

Die Zitrone erfrischt dein Holzelement! Das macht die Crêpes sehr „leicht“.

DER KUCHEN FÜR EXTRA-POWER

KASTANIENKUCHEN MIT ROSMARIN UND PINIENKERNEN

FÜR 4 PERSONEN

H F E M W

etwas Olivenöl zum Einfetten E
60 g Sultaninen E
20 g getrocknete Cranberrys E H
80 g Walnusskerne E
80 g Pinienkerne E
2 Zweige Rosmarin F
400 g Kastanienmehl E
10 EL Olivenöl E
unraffiniertes Meersalz W

Dieser Kuchen ist alles andere als gewöhnlich. Er schmeckt köstlich, gibt dir Kraft und sättigt dich. Wer braucht da noch Schokoriegel?

Den Backofen auf 180 °C (Ober-und Unterhitze) vorheizen und eine Springform (Ø 20 cm) mit etwas Öl einfetten.

Die Sultaninen und Cranberrys in lauwarmem Wasser etwa 30 Minuten einweichen, anschließend das Wasser abgießen.

Die Walnüsse und Pinienkerne in einer Pfanne ohne Fett rösten, bis sie duften. Abkühlen lassen und nur die Walnüsse grob hacken. Die Nadeln von den Rosmarinzweigen abzupfen und klein hacken.

Das Kastanienmehl mit 6 EL Olivenöl und 1 Prise Salz mischen und nach und nach 450 ml Wasser unterrühren, bis ein geschmeidiger Teig entstanden ist. Zwei Drittel der Sultaninen, Cranberrys, Walnüsse, Pinienkerne und Rosmarin unter den Teig rühren.

Den Teig in die Kuchenform geben, mit den restlichen Beeren, Nüssen und Rosmarin bestreuen und mit 4 EL Olivenöl beträufeln. Den Kuchen im Ofen etwa 40 Minuten backen, bis er eine feine Kruste bekommen hat und etwas aufplatzt. Herausnehmen und abkühlen lassen.

ENERGIE-RIEGEL

Für unterwegs und zwischendurch: Kuchen in Streifen schneiden, einpacken und mitnehmen.

FRUCHTIG MACHT FRÖHLICH

SÜSSKARTOFFELN MIT ORANGE UND VANILLE

FÜR 2 PERSONEN

H F E M W

250 g Süßkartoffeln E
40 g Reismalz E
1 Vanilleschote E
1 unbehandelte Orange H
unraffiniertes Meersalz W
2 EL Mirin (Reiswein) M
2 TL Kuzu E

½ Zitrone H
4 Minzblätter, gehackt M

Lass die Sonne rein und hol sie auf den Teller. Dieser Nachtisch bringt dich auf Trab. Ideal für alle, die nach dem Essen noch viel vorhaben.

Die Süßkartoffeln schälen und in 1 ½ cm breite Scheiben schneiden. In einem Topf in 450 ml kochendem Wasser etwa 10 Minuten köcheln lassen. Dann das Wasser abgießen und die Süßkartoffeln wieder mit 450 ml frischem Wasser auffüllen. Das Reismalz darin auflösen.

Die Vanilleschote aufschlitzen und das Mark herauskratzen. Die Orange waschen, in Scheiben schneiden und mit Vanillemark und -schote zu den Süßkartoffeln geben. Alles bei niedriger Hitze etwa 5 Minuten köcheln lassen, bis die Süßkartoffeln gar sind, aber noch nicht auseinanderfallen.

Die Süßkartoffelscheiben aus dem Sud nehmen und beiseitestellen. 1 Prise Salz und den Mirin zum Sud geben und alles auf ein Drittel einköcheln lassen. Die Süßkartoffeln zum Aufwärmen wieder in den Sud geben und 1 Minute mitköcheln lassen. Herausnehmen und in Schälchen verteilen.

Zum Andicken das Kuzu in 3 TL kaltem Wasser auflösen. Den Topf vom Herd nehmen, das Kuzu unter Rühren zum verbliebenen Sud hinzufügen und alles nochmals kurz aufkochen lassen, bis er ein wenig eindickt. Dann sofort vom Herd nehmen.

Zum Servieren das Fruchtfleisch von 2 Orangenscheiben auslösen und über die Süßkartoffeln verteilen, ebenso ein paar ganze Orangenscheiben. Den heißen Sud darübergießen und alles mit einigen Spritzern Zitronensaft und fein gehackter Minze verfeinern.

GUT ZU WISSEN

Durch das Kochen wechselt die Orange aus dem thermisch kühlenden in einen wärmeren Bereich. Gut für „Kaltfüßler".

PURE LEIDENSCHAFT

SCHOKOMUFFINS MIT HIMBEERSOSSE

FÜR 4–6 PERSONEN

H F E M W

80 g ganze Mandeln E
250 g Himbeeren H
1 EL Zitronensaft H
20 g Kokosblütenzucker E

100 g Bitterschokolade F
75 g Butter E
unraffiniertes Meersalz W
1 EL Carobpulver E
2 EL dunkles Mandelmus E
2 Eier E
60 g Kokosblütenzucker E

2 TL Kuzu E

Herrlich genießen und gleichzeitig das Holz,- Feuer- und Erdelement auf Touren bringen – mit diesen Küchlein geht das. Erlebe diesen farbenfrohen Hingucker, der deine Geschmacksnerven begeistern wird.

Die Mandeln in einer Pfanne ohne Fett rösten, abkühlen lassen und klein hacken. (Dabei können gern größere Stückchen übrig bleiben.) Die Himbeeren verlesen, waschen, trocken tupfen und in einer Schüssel mit Zitronensaft und Zucker marinieren.

Den Backofen auf 220 °C (Ober- und Unterhitze) vorheizen. 6 Mulden eines Muffinsblechs mit Papierbackförmchen auslegen.

Für die Muffins Schokolade und Butter über dem heißen Wasserbad schmelzen. 1 Prise Salz, Carobpulver und Mandelmus hinzufügen und untermischen. Die Eier trennen, das Eigelb mit dem Zucker schaumig schlagen. Das Eiweiß zu steifem Schnee schlagen.

Die Schokobutter und die gehackten Mandeln zur Eigelb-Zucker-Mischung geben. Zuletzt den Eischnee vorsichtig unterheben, bis ein geschmeidiger Teig entstanden ist. Den Teig in die Muffinformen verteilen und im Ofen etwa 15 Minuten backen.

Inzwischen die marinierten Himbeeren pürieren und durch ein feines Sieb streichen, sodass die Kernchen zurückbleiben. Die Himbeersoße in einem Topf kurz aufkochen lassen. Das Kuzu in 3 TL kaltem Wasser auflösen, den Topf vom Herd nehmen und das Kuzu unter Rühren zur Himbeersoße hinzufügen. Alles nochmals kurz aufkochen lassen, bis die Himbeersoße leicht eindickt und anfängt zu glänzen. Dann sofort vom Herd nehmen.

Die Muffins aus dem Ofen nehmen, sofort auf Teller verteilen und mit der warmen Himbeersoße übergießen.

Tipp!

Mach besser gleich mehr davon. Sie sind nämlich schneller weg, als man denkt.

SÜSSE SATT

MANGO-HIRSE-CRUNCH MIT KOKOS UND MANDEL

FÜR 4 PERSONEN

H F E M W

200 g Hirse E
250 ml Kokosmilch aus der Dose E
150 g Kokosnuss, geraspelt E
2 reife Mangos E
4 EL Reissirup E
½ TL Zimtpulver M
1 TL Vanille, gemahlen E
unraffiniertes Meersalz W
etwas Butter zum Einfetten E
1 EL Kokosblütenzucker E
50 g Mandeln, gehobelt E

Hier kommt dein süßer Sattmacher, der nicht beschwert und sich auch zum Frühstück am nächsten Tag eignet. Fruchtig, soft und trotzdem kross. Guten Appetit!

Die Hirse in einem Sieb heiß abbrausen und nach Packungsanweisung weich garen. Inzwischen die Kokosmilch mit den Kokosraspeln in einer Schüssel mischen und etwas ruhen lassen, damit die Kokosraspeln aufquellen können.

Den Backofen auf 180–200 °C (Ober- und Unterhitze) vorheizen. Die Mangos schälen, in Scheiben schneiden und beiseitestellen. Die gekochte Hirse in eine große Schüssel geben und mit einer Gabel etwas auflockern. Nach und nach den Kokos-Mix zur Hirse geben und mit Reissirup, Zimt, Vanille und 1 Prise Salz verrühren, bis eine klebrige Masse entstanden ist. Falls die Masse zu trocken erscheint, noch etwas Wasser hinzufügen.

Eine Auflaufform (etwa 20 x 30 cm) mit Butter gut einfetten und mit etwas Kokosblütenzucker bestreuen. Die Mangoscheiben fächerartig auf den Boden der Form legen. Darauf den Kokos-Hirse-Mix gleichmäßig mit einem großen Löffel verteilen.

Den Auflauf mit Mandeln und restlichem Kokosblütenzucker bestreuen und im Ofen etwa 30 Minuten backen, bis er eine goldbraune Kruste bekommen hat. Herausnehmen und kurz abkühlen lassen.

Tipp!

KOMBINIERE SAISONAL

Schmeckt auch prima mit anderen Früchten der Saison, wie z. B. Äpfeln oder Birnen.

SESAM ÖFFNE DICH

SESAMKUCHEN MIT ZITRONENCRÈME

FÜR 4 PERSONEN

H F E M W

100 g schwarze Sesamsamen E
220 ml Reismilch E M
75 g Walnusskerne E

60 g Reismalz E
50 g Mandelmehl E
50 g Buchweizenmehl F
80 g weiche Butter E
1 TL geriebene unbehandelte Zitronenschale F
Vanille, gemahlen E
unraffiniertes Meersalz W
1 Päckchen Backpulver H

400 ml Kokosmilch aus der Dose E
2 TL Reismalz E
7–10 EL frisch gepresster Zitronensaft H
2 EL helles Mandelmus E
unraffiniertes Meersalz W
4 TL Kuzu E

schwarze Sesamsamen E und unbehandelte Zitronenzesten F, zum Garnieren, nach Belieben

Komm auf die dunkle Seite. Dort wartet nämlich ein besonderes Genusserlebnis auf dich: Eine intensive Farbe, ein intensiver Geschmack mit gelungener säuerlich-frischer Zitrusnote.

Den Sesam in der Reismilch mindestens 30 Minuten einweichen, bis er aufgequollen ist. Dann alles fein pürieren. Inzwischen die Walnüsse in einer Pfanne ohne Fett rösten, abkühlen lassen und klein hacken.

Den Backofen auf 160 °C (Ober- und Unterhitze) vorheizen und eine Springform (Ø 20 cm) mit Backpapier auslegen.

Den pürierten Sesam mit Walnüssen, Reismalz, Mandelmehl, Buchweizenmehl, Butter, Zitronenschale, je 1 Prise Vanille und Salz und dem Backpulver gut mischen, bis ein glatter Teig entstanden ist. Den Rührteig in die Form füllen und im Ofen etwa 45 Minuten backen. Herausnehmen, abkühlen und etwa 1 Stunde ruhen lassen.

Inzwischen die Kokosmilch in einem Topf erhitzen. Reismalz, Zitronensaft, Mandelmus und 1 Prise Salz dazugeben und aufkochen lassen. Dabei mit einem Schneebesen gut umrühren, damit sich alles auflöst. Zum Andicken das Kuzu in 2 EL kaltem Wasser auflösen. Den Topf vom Herd nehmen, das Kuzu unter Rühren zur Kokossoße hinzufügen und alles einmal aufkochen lassen, bis sie ein wenig eindickt. Dann sofort vom Herd nehmen.

Zum Servieren den abgekühlten Sesamkuchen mit der Zitronencrème bestreichen und nach Belieben mit schwarzen Sesamsamen und unbehandelten Zitronenzesten garnieren.

SEHR INTENSIV
Schon nach einem Stück entsteht das Gefühl von absoluter Zufriedenheit.

KNUSPER-ALARM

HAGEBUTTENKALTSCHALE MIT CRUNCHIES

FÜR 2–4 PERSONEN

H F E M W

4 EL getrocknete Hagebuttenschalen H

80 g Reiscracker M
150 g gemischte Nüsse E
10 g Amarant-Pops F
1 EL helle Sesamsamen E
30 g getrocknete Kokosraspel E
Vanille, gemahlen E
unraffiniertes Meersalz W
190 g Reismalz E

6 TL Kuzu E
500 ml Apfelsaft E H
2 EL Reismalz E
1 EL helles Mandelmus E

Hallo, Hagebutte! So hast du sie bestimmt noch nicht erlebt. Freue dich auf viele Vitamine, einen besonderen Geschmack und fröhliches Knuspern. Deine 5 Elemente freuen sich übrigens auch.

Die Hagebuttenschalen mindestens 2 Stunden in 200 ml warmen Wasser einweichen.

Den Backofen auf 200 °C (Ober- und Unterhitze) vorheizen. Ein Backblech mit Backpapier auslegen.

Die Reiscracker in kleine Stücke zerbröseln. Die Nüsse grob hacken und mit den Amarant-Pops, Sesamsamen, Kokosraspel und je 1 Prise Vanille und Salz in einer großen Schüssel mischen.

Das Reismalz in einem kleinen Topf bei mittlerer Hitze erwärmen, bis es flüssig wird. Auf den Cracker-Nuss-Mix gießen und zügig verrühren, bis alles mit Reismalz benetzt ist. Die Masse auf dem Backblech gleichmäßig verteilen und im Ofen 15–20 Minuten backen, bis das Reismalz Blasen schlägt. Dabei zwischendurch mit einem Pfannenwender durchrühren, damit alles gleichmäßig goldfarben bräunt. Aus dem Ofen nehmen, abkühlen lassen und danach zerbröseln.

Die Hagebuttenschalen im Einweichwasser fein pürieren. Das Kuzu in 8 TL kaltem Wasser auflösen. Apfelsaft, pürierte Hagebuttenschalen und Reismalz in einem Topf erhitzen und das Mandelmus hinzufügen. Alles kurz aufkochen und das Kuzu unter Rühren hinzufügen, bis alles eindickt. Sofort vom Herd nehmen und noch warm auf Schälchen verteilen. Zum Servieren die Kaltschalen großzügig mit den Reiscracker-Crunchies bestreuen.

Übrigens:
Die Hagebuttenschalen bekommt man als Tee in der Apotheke.

Tipp!

ÖFTER MAL CRUNCHEN

Ein super Knabberspaß für zwischendurch oder bei Lust auf Süßes.

NUSSIG-SÜSSE GLÜCKSGEFÜHLE

KASTANIENPFANNKUCHEN MIT NUSSFÜLLUNG

FÜR 2 PERSONEN

H F E M W

1 Ei E
150 g Kastanienmehl E
unraffiniertes Meersalz W
250 ml Dinkelmilch E H
1 Schuss Sprudelwasser W
etwas Butter oder Olivenöl E

100 g Walnusskerne E
2 EL Sahne E oder Sojasahne E W
50 g Reismalz E
1 EL helles Mandelmus E
4 TL Rum F

SOSSE:
150 ml Reismilch E M
2 EL Reismalz E
1,5 EL Carobpulver E
2 EL helles Mandelmus E
1,5 TL Kuzu E

100 g Erdbeeren H

VEGANE VARIANTE:
Ei weglassen, dafür etwa 20–30 ml mehr Dinkelmilch E H unterrühren, je nach Konsistenz

So lecker, dass man am besten etwas Platz dafür im Bauch lässt. So kann man auch mühelose zwei Portionen verdrücken. Greif zu.

Das Ei trennen und das Eiweiß steif schlagen. Das Mehl fein sieben und mit 1 Prise Salz und dem Eigelb in eine Rührschüssel geben. Die Milch nach und nach dazugießen, dabei mit einem Schneebesen ständig umrühren, bis ein glatter sämiger Teig entsteht. Den Eischnee vorsichtig unterheben und das Sprudelwasser unterrühren. Den Teig zugedeckt bei Raumtemperatur 30 Minuten quellen lassen.

Inzwischen für die Füllung die Walnüsse in einer Pfanne ohne Fett rösten. Abkühlen lassen und fein hacken, dann mit Sahne, Reismalz, Mandelmus und Rum mischen und kühl stellen.

Eine Pfanne erhitzen und etwas Butter oder Olivenöl darin zerlassen. Jeweils 1 Kelle Teig in die Pfanne geben und durch Schwenken gleichmäßig verteilen. Sobald er sich an den Seiten etwas löst, nach etwa 1 Minute, wenden und nochmals kurz backen. Dann den Pfannkuchen auf einem Teller beiseitestellen. Auf diese Weise den restlichen Teig nach und nach backen.

Für die Soße in einem kleinen Topf Reismilch, Reismalz, Carobpulver und Mandelmus mischen, aufkochen lassen und bei niedriger Hitze 5 Minuten einkochen lassen. Das Kuzu in etwas kaltem Wasser auflösen, bis eine sämige Konsistenz entstanden ist. Den Topf vom Herd nehmen, das Kuzu unter Rühren zur Carob-Reismilch hinzufügen und alles nochmals kurz aufkochen, bis sie ein wenig eindickt. Dann sofort vom Herd nehmen.

Die Erdbeeren waschen, die Stielansätze entfernen und die Erdbeeren in Scheiben schneiden.

Zum Servieren die Pfannkuchen nach Belieben mit Nussmasse und Erdbeeren füllen, mit der warmen Carob-Soße großzügig übergießen und mit einigen Erdbeeren dekorieren.

Tipp!

HERBST-VARIANTE

Schmeckt statt mit Erdbeeren auch mit Birne super lecker!

KREIERE DEIN EIGENES 5-ELEMENTE-GERICHT

Kombiniere Zutaten, die deine Elemente stärken und achte dabei auf die Thermik der Lebensmittel. Lass dich von unserer Lebensmittelübersicht (hinten im Buchdeckel) inspirieren oder stöber online unter: ***www.emf-verlag.de/isswasdubist***

Schaue dir hierzu auch das 5-Elemente-Baukastenprinzip an > S. 54/55

EIWEISS
z. B. Tofu, Fisch, Geflügel, Bohnen

SALAT, PICKLES, OBST
z. B. Rucola, Radicchio, Essiggurken, Birne

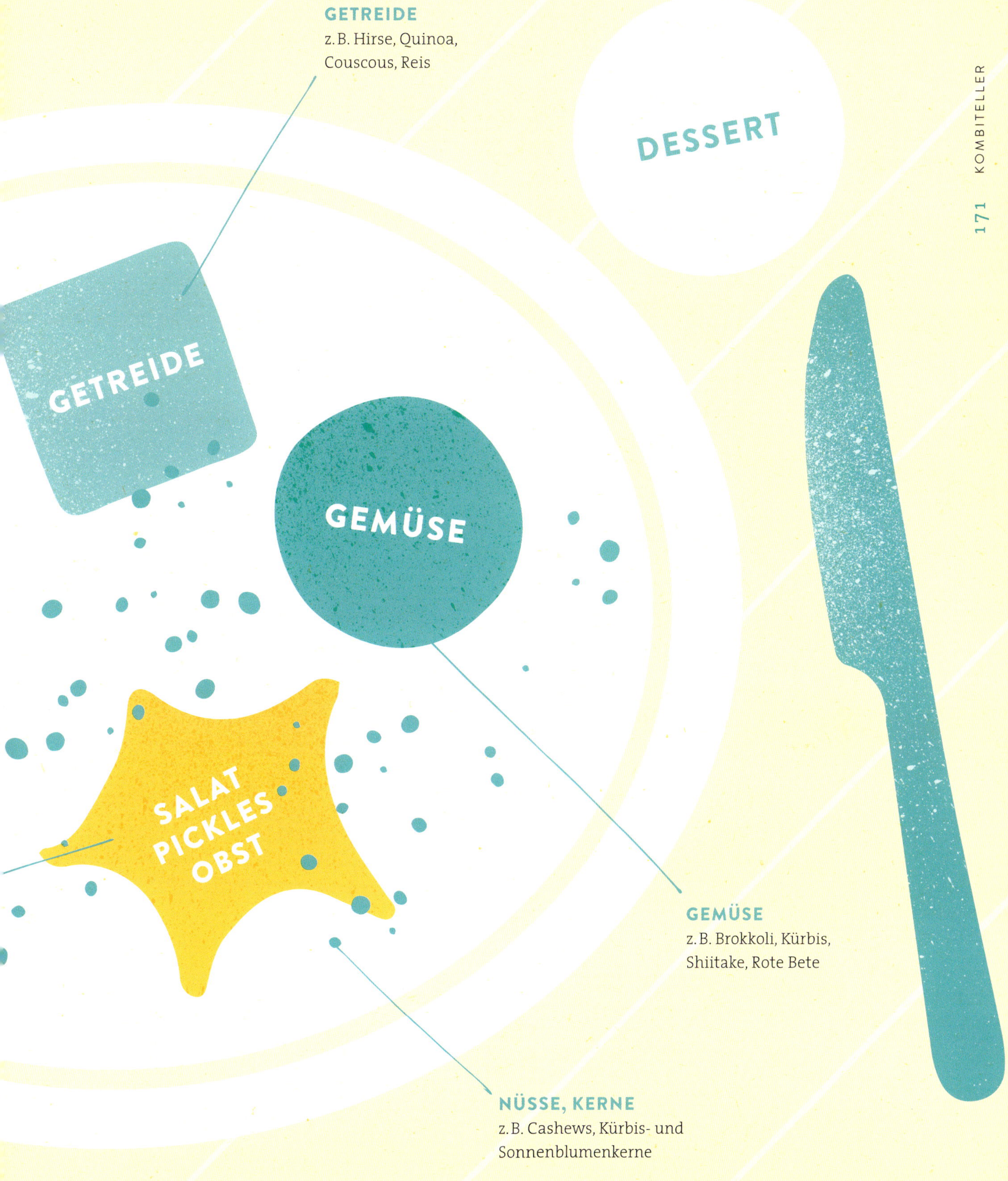
GETREIDE
z. B. Hirse, Quinoa, Couscous, Reis
DESSERT
GETREIDE
GEMÜSE
SALAT
PICKLES
OBST
GEMÜSE
z. B. Brokkoli, Kürbis, Shiitake, Rote Bete
NÜSSE, KERNE
z. B. Cashews, Kürbis- und Sonnenblumenkerne

REGISTER

L

M

N

O

P

Q

R

S

T

U

V

W

Z

DANKE. DANKE. DANKE.

JENS NIETH
Danke, für deine hervorragende Arbeit. Dein Stil zu fotografieren, der so viele Momente authentisch eingefangen hat, hat unser Buch zum Leben erweckt. Du warst immer bei der Sache – präzise, motiviert und vor allem anspruchsvoll, denn du hast keine Ruhe gegeben, bis jedes Bild perfekt war. Mit dir zu arbeiten war wirklich inspirierend. Danke auch für deine große Geduld mit uns zwei Art-Direktorinnen. Du hast es bestimmt nicht immer leicht mit uns gehabt.

NADJA BUCHCZIK
Danke, dass du mit deiner ausdrucksstarken Bildsprache dafür gesorgt hast, dass unsere Gerichte so gut aussehen, wie sie guttun. Die Farben und Kontraste deiner Food-Bilder transportieren genau das, was die 5-Elemente-Ernährung ausmacht. Danke für die tolle Arbeit!

SASKIA SEIPP
Danke für die großartige Zusammenarbeit! Du hast dich vom ersten Moment an für das Thema begeistert, reingefuchst und professionell eingebracht. Du hast es geschafft, unsere Texte zu diesem komplexen Thema in eine leicht verständliche und unterhaltsame Sprache zu bringen. Danke für deine Ausdauer, Motivation und vor allem für deine ausgeprägte Feinfühligkeit, derer dieses Thema bedarf. Danke für deine grandiose Unterstützung!

SOONI KIND
Danke, dass ich dich kennenlernen durfte. Ohne dich wäre dieses Buch wohl niemals zustandegekommen. Du hast mir die 5 Elemente so lebendig vermittelt, dass der Funke sofort übergesprungen ist. Danke, dass du auch dieses Buch mit deiner fachlichen Kompetenz und einem stets wachsamen Auge begleitet hast.

JOHANNA ECKHARDT
Danke, dass du uns geholfen hast, unsere Buchidee in Worte zu fassen. Du hast dazu beigetragen, dass es überhaupt erst den Startschuss gab. Aus deiner Feder stammt unter anderem der Titel „Iss, was du bist". Danke für diese brillante Basis, die unser Konzept so treffend widerspiegelt.

THEA MENGELER UND SASCHA NEUMANN
Danke, dass wir euch so kurzfristig an Bord holen konnten, als wir dringend Hilfe benötigt haben. Durch eure kompetente und schnelle Unterstützung konnten wir die Umsetzung unserer Ideen erfolgreich meistern.

UND GROSSEN DANK AN KAI ALBERTI • ATALAY BAYSAL • SUE BENSINGER • CONNIE BUSCH • SINA DJELASSI • MELANIE DRECHSLER • BJÖRN ELTER • MARIELLE ENDERS • NINA FALMER • MARTINA GERLACH • JULIA & LUTZ GRIEBEL • JUDITH & ENJA HINEL • ANJA HOGREBE • BJÖRN JUNG • USCHI KERSCHBAUM • ANGA KOCK • ADAM KOCUR • STEFANIE KOCUR • MARTIN KRAHWINKEL • ANDREA & HANS-GEORG LINDENLAUB • CHRISTIAN LUCHTENBERG • MARITA LUDWIG MIT JANOSCH & JARIS JUSTUS • RABEA MÜLLER • HEIDRUN & HORST NIETH • ROBERT POYER • AGNES RAULIN • ALINE VON RÜDEN • GIULIETTA & MICHAEL RÜEGG-GANDOLFI • JESSICA SCHÖNROCK • VERENA SCHÖNROCK • ANNA SEVERIN • JASMIN STACH • JOHANNES THEES • EVA & VOLKER WILLE • ANDREA WOLF MIT T-CUP & QUICKLY

SOONI KIND

„5 Elemente leben, lernen, lehren" das ist das Motto von Sooni Kind. Ihre Ausbildungen sind eine Entdeckungsreise in die Welt der 5-Elemente-Ernährung für Einsteiger und Fortgeschrittene. Auf der Grundlage von zwanzig Jahren selbstständiger Beratungs- und Seminartätigkeit wurde die Sooni-Kind-Methode entwickelt. Ihre Besonderheit und Stärke ist die Verbindung der 5-Elemente-Ernährung mit visueller Diagnostik von Psycho- und Pathophysiognomik. Ihre Vision ist es, westliches Denken um die östliche Dimension zu erweitern und für unsere moderne Kultur fruchtbar zu machen. Nach dieser Methode bildet sie auch ErnährungsberaterInnen aus. Neben ihren Beratungen und Coachings vermittelt Sooni Kind ihr Wissen durch Vorträge, Fortbildungen und Publikationen. Mehr unter ***www.sooni-kind.de***

WEITERFÜHRENDE LITERATUR

FÜR ALLE, DIE MEHR ÜBER DIE 5 ELEMENTE WISSEN WOLLEN

Die vegetarische 5-Elemente-Ernährung Sooni Kind & Sabine Spielberg, Joy Verlag

Das große Buch der chinesischen Medizin Ted J. Kaptchuk, Fischer

Ernährung nach den Fünf Elementen Barbara Temelie, Joy Verlag

Ganz in meinem Element Uwe Karstädt, Schirner Verlag

Die Kraft der Wandlungsphasen Marian Leuthold, Theseus

Fünf Elemente und 12 Meridiane Wilfried Rappenecker, Felicitas Hübner Verlag

IMPRESSUM

Bibliografische Information der Deutschen Bibliothek.

Die Deutsche Bibliothek verzeichnet diese Publikation in der deutschen Nationalbibliografie. Detaillierte bibliografische Daten sind im Internet über http://www.d-nb.de/ abrufbar.

Die im Buch veröffentlichten Aussagen und Ratschläge wurden von Verfasserinnen und Verlag sorgfältig erarbeitet und geprüft. Eine Garantie für das Gelingen kann jedoch nicht übernommen werden, ebenso ist die Haftung der Verfasserinnen bzw. des Verlags und seiner Beauftragten für Personen-, Sach- und Vermögensschäden ausgeschlossen.

Die in diesem Buch enthaltenen Informationen, Anregungen und Ratschläge stellen die Meinung und Erfahrung der Autorinnen dar, basierend auf dem aktuellen Stand wissenschaftlicher Erkenntnisse. Sie wurden von den Verfasserinnen nach bestem Wissen und mit größter Sorgfalt recherchiert. Dennoch erfolgen alle Angaben ohne Gewähr und es kann keine Garantie übernommen werden. Das Buch kann eine persönliche Beratung oder kompetenten medizinischen Rat nicht ersetzen. Weder die Autorinnen noch Verlag können für eventuelle Schäden oder Nachteile, die sich aus den im Buch enthaltenen Hinweisen ergeben, eine Haftung übernehmen. Jeder Leser und jede Leserin ist nach wie vor für das eigene Tun selbst verantwortlich.

EIN BUCH DER EDITION MICHAEL FISCHER

1. Auflage 2017

Covergestaltung: Verena Raith
Produktmanagement: Annika Christof
Texte: Esther Krahwinkel, Tanja Bunse
Copywriter: Saskia Seipp, Köln
Lektorat: Kathrin Gritschneder, Tegernsee
Layout: Tanja Bunse, Esther Krahwinkel
Fotos, alle von Jens Nieth, Dortmund
außer:
Foodfotografie: Nadja Buchczik, Bielefeld
Foodstyling: Anton Enns, Bielefeld
und S. 11: © mimagephotography/shutterstock, © Nadino/shutterstock, © kinberrywood/shutterstock; S. 28: © Diana Taliun/shutterstock; S. 31: © schankz/shutterstock; S. 32: © Genm78/shutterstock; S. 35: © Bernhard Richter/shutterstock; S. 36: © LesChkall27/shutterstock; S. 39: © liza1979/shutterstock; S. 40: © kim7/shutterstock; S. 43: © nikkytok/shutterstock; S. 44: © Rich Carey/shutterstock
Illustrationen: Tanja Bunse, Esther Krahwinkel, außer S. 25 in Anlehnung an © William Tara (Macrobiotics and human behaviour, S. 67), Organe S. 30, 34, 38, 42, 46 in Anlehnung an © Alex Oakenman/shutterstock, Workbook S. 10: © Miss Fortuna/shutterstock

ISBN 978-3-86355-629-7

Printed in Slovakia

www.emf-verlag.de

THERMIK		HOLZ *sauer / bewahrt die Säfte / leitet nach unten & innen*	FEUER *bitter / trocknet aus / leitet nach unten*
VERTREIBT KÄLTE **ACHTUNG:** NICHT ZU VIEL DAVON, UM INNERE HITZE ZU VERMEIDEN	**ERHITZEND**		**Eiweiß:** Lamm, Schaf, Ziege, gegrilltes Fleisch **Sonstiges:** Cognac, Glühwein
VERSORGT DAS ERD- UND WASSERELEMENT MIT DER NÖTIGEN BASISWÄRME, VERDAUUNGSFÖRDERND	**WÄRMEND**	**Getreide:** Grünkern **Eiweiß:** Huhn **Salat, Obst:** Granatapfel, Petersilie, Pflaume (frisch) **Kräuter, Gewürze:** Essig (wärmend bis erhitzend!) **Sonstiges:** Kirschsaft	**Eiweiß:** Schafskäse, Ziegenkäse **Gemüse:** Rosenkohl **Kräuter, Gewürze:** Basilikum fr., Kakaopulver (wärmend bis erhitzend!), Kurkuma, Mohn, Oregano fr., Paprika (edelsüß), Rosmarin fr., Thymian fr. **Sonstiges:** Getreidekaffee, Kaffee*, Rotwein*, Schwarzer Tee*
GRUNDLAGE DER 5-ELEMENTE-ERNÄHRUNG, BAUT QI AUF, NÄHREND UND SUBSTANZAUFBAUEND, WIRKT AUSGLEICHEND AUF ALLE ORGANE	**AUSGEWOGEN**	**Getreide:** Bulgur, Couscous **Salat, Obst:** Heidelbeeren, Himbeere **Sonstiges:** Backpulver	**Getreide:** Amarant, Quinoa, Roggen **Gemüse:** Rote Bete **Salat, Obst:** Feldsalat **Sonstiges:** Kamillentee, Orangenschalen, Zitronenschalen
AUFBAU DER KÖRPERSÄFTE, SCHUTZ VOR TROCKENHEIT UND ÜBERHITZUNG	**ERFRISCHEND**	**Eiweiß:** Seitan **Getreide:** Dinkel, Hatomugi, Weizen **Gemüse:** Chinakohl, Sauerkraut **Salat, Obst:** Apfel (sauer), Erdbeere, Hagebuttenschalen, Heidel-, Johannisbeere, Kirsche (sauer), Mandarine, Pickles **Kräuter, Gewürze:** Reisessig, Ume-Gewürz, Weißwein **Sonstiges:** Apfelsaft (sauer), Hagebuttentee, Prosecco, Weißwein, Weizenbier	**Getreide:** Buchweizen **Gemüse:** Artischocke, Pastinake **Salat, Obst:** Brunnenkresse, Chicorée, Eisbergsalat, Endivien, Grapefruit, Holunderbeere, Kopfsalat, Löwenzahn, Pampelmuse, Radicchio, Rucola, Quitte **Kräuter, Gewürz** Brennessel, Salbei **Sonstiges:** Pilsbier, Altbier
LEITET HITZE AUS **ACHTUNG:** NICHT ZUVIEL DAVON, UM INNERE KÄLTE ZU VERMEIDEN	**KÜHLEND**	**Getreide:** Weizenkleie **Gemüse:** Mungbohnensprossen, Sauerampfer, Tomate **Salat, Obst:** Ananas, Kiwi, Orange, Rhabarber, Zitrone **Sonstiges:** Joghurt	**Sonstiges:** Grüner Tee

***Achtung:** In größeren Mengen können di wärmenden Genussmittel austrocknend wirken und einen Yin-Mangel (Blut- und Körpersäftemangel) verstärken oder auch auslösen.